MICHAEL KLOEPFER

Produkthinweispflichten bei Tabakwaren als Verfassungsfrage

Schriften zum Öffentlichen Recht

Band 594

Produkthinweispflichten bei Tabakwaren als Verfassungsfrage

Von

Michael Kloepfer

Duncker & Humblot · Berlin

CIP-Titelaufnahme der Deutschen Bibliothek

Kloepfer, Michael:
Produkthinweispflichten bei Tabakwaren als Verfassungsfrage /
von Michael Kloepfer. – Berlin: Duncker und Humblot, 1991
(Schriften zum Öffentlichen Recht; Bd. 594)
ISBN 3-428-07068-2
NE: GT

Fremddatenübernahme: Berliner Buchdruckerei Union GmbH, Berlin 61
Druck: Druckerei Gerike GmbH, Berlin 36
Printed in Germany

ISSN 0582-0200
ISBN 3-428-07068-2

Vorwort

Die vorliegende Arbeit ist aus einer im Auftrag der Forschungsgesellschaft Rauchen und Gesundheit mbH, Hamburg, erstellten Studie hervorgegangen. Sie soll der Klärung der zahlreichen, im Zusammenhang mit staatlichen oder staatlich initiierten Warnhinweisen auf Produktpackungen und in der Werbung entstehenden verfassungsrechtlichen Fragen dienen.

Konkreter Anlaß für die Untersuchung ist die von der EG geplante Einführung von verstärkten Warnungen auf Zigarettenpackungen. Damit wird ein auch emotional geladenes Diskussionsfeld erreicht, in dem der Jurist seine nüchternen und unvoreingenommenen Argumentationsfurchen ziehen muß. Obwohl die Diskussion um das Rauchen und seine Folgen einen erheblichen Grad der Polarität erreicht hat und ein Teil der öffentlichen Meinung heute gegen das Rauchen eingestellt ist, hat auch dieser Komplex eine rechtlich vorurteilsfreie Bewertung verdient.

Im wesentlichen berührt die Fragestellung der Studie drei Themenkreise und sucht, diese verfassungsrechtlich zu bewerten:

1. die Wirkung von staatlichen Warnungen auf den verfassungsgeschützten Prozess der Kommunikation,
2. die Einwirkung auf den Konsumenten und dessen Verhalten, sowie damit mittelbar
3. die Einschränkung wirtschaftlicher Tätigkeit durch staatliche Informationen bzw. durch staatliche Eingriffe in den Kommunikationsprozess.

Demgemäß sind Prüfungsmaßstab in erster Linie die Grundrechte der Art. 5 Abs. 1, 12, 14, sowie 2 Abs. 1 GG. Entsprechend der vorgegebenen Fragestellung der Studie wurde die grundsätzliche Frage nach dem Grundrechtsschutz gegen die innerstaatliche Umsetzung von EG-Recht[1] dabei weitgehend ausgeklammert. Soweit die konkreten Vorschriften am Grundgesetz gemessen wurden, sind sie — im Hinblick auf die zu erwartende Umsetzungsnormierung — wie normales Bundesrecht behandelt worden. Eine Zusammenfassung der Ergebnisse findet sich am Ende der Arbeit.

Für seine wertvolle Mitarbeit danke ich meinem Assistenten, Herrn *Gerhard Michael,* Trier.

Trier, im Juni 1990 *M. Kloepfer*

---

[1] Meine Ansichten zu einigen einschlägigen Aspekten aus diesem Problemkreis habe ich in JZ 1988, S. 1089 ff. dargelegt; vgl. jüngst auch *Friauf / Scholz*, Europarecht und Grundgesetz, 1990, sowie *Scholz* NJW 1990, 941 ff.

Inhaltsverzeichnis

I. Fragestellung

Im Rahmen des EG-Krebsprogrammes aufgrund der Entschließung vom 7. Juli 1986[1] sehen die vorliegenden Entwürfe und die Richtlinie des Rates der europäischen Gemeinschaften[2] den Aufdruck bestimmter Warnhinweise auf Zigarettenpackungen und der Werbung für Tabakartikel vor. Die Hinweispflichten stellen sich nach den hier auf ihre Grundgesetz-Konformität begutachteten Entwürfen und der Richtlinie wie folgt dar:

Wie nach bisher geltendem Recht müssen Zigarettenpackungen einen Hinweis auf die enthaltene Menge der Inhaltsstoffe Teer (Kondensat) und Nikotin führen[3]. Diese Pflicht bleibt bestehen. Das Novum sind die neuen, erheblich intensivierten und ausgeweiteten, Warnhinweise. So muß

„auf der am ehesten ins Auge fallenden Seite"

(idR. die Frontfläche) der Hinweis

„Rauchen / Tabak gefährdet die Gesundheit"[4]

enthalten sein. Auf der zweiten Breitfläche (idR. die Rückseite) muß in wechselndem Turnus mit gleicher Häufigkeit ein Warnhinweis eines nationalen Kataloges, der aus den folgenden Warnungen zusammengestellt ist, abgedruckt sein:

— „Rauchen verursacht Krebs."

— „Rauchen verursacht Herzgefäßkrankheiten."

(diese Hinweise müssen in den nationalen Listen enthalten sein) Die Ursprüngliche Fassung des Richtlinienentwurfes enthielt weiterhin die folgenden Warnhinweise[5]:

---

1 ABl. Nr. C 184 vom 23.7.1986, S. 19.

2 „Richtlinie des Rates vom 13. November 1989 zur Angleichung der Rechts- und Verwaltungsvorschriften der Mitgliedsstaaten über die Etikettierung von Tabakerzeugnissen", 89/622/EWG, ABl. Nr. L 359/1 ff. v. 8.12.1989, zuvor die Entwürfe KOM (87) 719 *endg.*, Abl. der EG Nr. C 48/8 ff., v. 20.2.1988, KOM (88) 845 endg. — SYN 116, Abl. Nr. C 62/12 ff. v. 11.3.1989; ferner der „Vorschlag für eine Richtlinie des Rates betreffend die Presse- und Plakatwerbung für Tabakerzeugnisse, KOM (89) 163 *endg.*/2 – SYN 194, Abl. Nr. C 124/5 ff. v. 19.5.1989. Zuletzt Geänderter Vorschlag für eine Richtlinie des Rates betreffend die erlaubte Presse- und Plakatwerbung für Tabakerzeugnisse, KOM (90) 147 *endg.* — SYN 194, Abl. Nr. C 116/7 ff. v. 11.5.90.

3 Art. 3 der Etikettierungsrichtlinie, ABl. Nr. L 359/2, mit konkreten Flächenangaben: bei einsprachigen Mitgliedstaaten 4 % der Fläche, Stufung wie bei Warnhinweisen. Vgl. dazu unten Fn. 8.

4 ABl. Nr. L 359/2, Der ursprüngliche Text des Richtlinienentwurfs (Abl. Nr. C 62/14 v. 11.3.1989) lautete noch: „Stark Gesundheitsschädlich".

5 Abl. Nr. C 48/10 v. 20.2.1988.

— „Rauchen führt zu tödlichen Krankheiten."

— „Rauchen kann Sie umbringen."

— „Wenn Sie schwanger sind, kann das Rauchen Ihr Kind schädigen."

— „Wer das Rauchen aufgibt, wird seltener krank."

— „Rauchen führt zu Krebs, chronischer Bronchitis und anderen Lungenkrankheiten."

— „Täglich sterben in Deutschland Menschen an Lungenkrebs."

— „Raucher sterben eher."

Inzwischen wurden die Warnhinweise jenen des Tabakwerbungsrichtlinienentwurfs angeglichen[6]. Diese lauten:

— „Rauchen führt zu tödlichen Krankheiten."

— „Rauchen ist tödlich."

— „Rauchen kann zum Tode führen."

— „Rauchen gefährdet die Gesundheit Ihres Kindes bereits in der Schwangerschaft."

— „Schützen Sie die Kinder: lassen Sie sie nicht Ihren Tabakrauch einatmen."

— „Rauchen gefährdet die Gesundheit Ihrer Mitmenschen."

— „Wer das Rauchen aufgibt, verringert das Risiko schwerer Erkrankungen."

— „Rauchen führt zu Krebs, chronischer Bronchitis und anderen Lungenkrankheiten."

— „Jedes Jahr sterben in der Bundesrepublik mehr als (. . .) Menschen an Lungenkrebs . . ."

— „Jedes Jahr kommen . . . Bundesbürger bei Verkehrsunfällen um — Tabakmißbrauch tötet . . . mal mehr."

— „Jedes Jahr verursacht der Tabakmißbrauch mehr Opfer als der Straßenverkehr."

— „Raucher sterben früher."

— „Nichtraucher leben gesünder."

— „Steigern Sie Ihr Einkommen: Geben Sie das Rauchen auf."

(diese Hinweise können in den nationalen Listen enthalten sein).

Die Größe dieser Warnhinweise muß jeweils mindestens 4 % der Packungsseite belegen[7]. Um die rechtliche Problematik nicht mit naturwissenschaftlichen Erwägungen zu belasten, soll im folgenden unterstellt werden, daß — erstens — ein Teil dieser Aussagen naturwissenschaftlich unzutreffend, — zweitens — ein weiterer Teil von Außenseitern vertreten wird und wissenschaftlich nicht indiskutabel erscheint und schließlich — drittens — ein dritter Teil wissenschaftlich

[6] Abl. Nr. L 359/4 v. 8. 12. 1989. Vgl. die Stellungnahme des Wirtschafts- und Sozialausschusses vom 19. 12. 1989, Abl. Nr. C 62/23 ff., 24 v. 12. 3. 1990.

[7] Bei einsprachigen Mitgliedsstaaten, sonst zwingend 6 % oder — bei dreisprachigen Staaten — 8 %, vgl. Art. 4 Nr. 3 der Etikettierungsrichtlinie, Abl. Nr. L 359/2 v. 8. 12. 1989.

belegbar ist. Eine naturwissenschaftlich begründete Stellungnahme liegt in dieser Arbeitshypothese naturgemäß nicht.

Daß der Warnhinweiskatalog naturwissenschaftlich problematische Aussagen enthält, ist offenbar auch der Vorschlagskommision bewußt gewesen, was in der ursprünglichen Fassung des Art. 5 des RiLi-Entwurfs seinen Niederschlag gefunden hat:

> „Die Anpassung an den technischen Fortschritt ... beschränkt sich auf die ... (Inhaltsangaben) ... sowie auf die medizinischen Warnungen"[8].

Die redigierte Fassung sieht diese Möglichkeit indes nicht mehr vor[9]. Die Etikettierungsrichtlinie sieht somit auch in dem Fall, daß die medizinische Wissenschaft die definitive Unwahrheit einzelner Warnhinweise des Art. 4 Abs. 1 und 2 belegt, keine Anpassung der Formulierung mehr vor.

Den nationalen Organen steht es nach Art. 2 Abs. 4 des Entwurfs der Richtlinie für die Tabakwerbung[10] und nach Art. 4 Abs. 3 der Etikettierungsrichtlinie offen, die Warnhinweise mit einer Urheberangabe (z. B. „Der Bundesgesundheitsminister", wie in § 3 a Abs. 1 TabakVO[11]) zu verbinden. Die Fläche, die dieser Hinweis einnimmt, darf dabei nicht auf die Mindestfläche der Warnhinweise angerechnet werden[12]. Im Bereich der Tabaketikettierungsrichtlinie ist eine solche Möglichkeit in Art. 4 Abs. 3[13] aufgrund der Beratungsergebnisse des Ausschusses der ständigen Vertreter vom 6. April 1989[14] ebenfalls wieder gegeben. Selbst wenn die Möglichkeit besteht, eine (nationale) Behörde als Urheber der Warnung kenntlich zu machen, so bleibt der Grundsatz des Warnhinweises ohne Urheberangabe bestehen und wird nur unter den Vorbehalt nationaler Ausnahmen gestellt.

Daneben sind zusätzliche Werbebeschränkungen für Tabakprodukte projektiert. Ein Teil dieser Regelungen kann bereits als durch das LMBG[15] umgesetzt angesehen werden oder ist durch freiwillige Absprachen der betroffenen Unter-

---

8 Abl. Nr. C 48/9 v. 20.2.1988. Art. 5 d. E. wurde gemäß dem Änderungsantrag Nr. 7 des Europäischen Parlaments dahingehend geändert, daß sich die Anpassung an den technischen Fortschritt auf die mit dem Meßverfahren zusammenhängenden Probleme beschränkt (vgl. KOM [88] 845 endg. SYN 116 v. 13.1.1989 Erläuterung zu Art. 5).

9 Art. 5 der Etikettierungsrichtlinie, Abl. Nr. C 359/3 v. 8.12.1989.

10 Abl. Nr. C 116/9 v. 11.5.1990: „Die Mitgliedstaaten können die Warnungen nach den Absätzen 1 und 2 mit dem Namen der Behörde versehen, die diese Warnung ausspricht".

11 Tabakverordnung vom 20.12.1977, BGBl. I S. 2831, i.d.F. der ÄndV vom 26.10.1982 (BGBl. I S. 1444), der Zusatzstoff-Verkehrsverordnung vom 10.7.1986 (BGBl. I S. 368).

12 Art. 2 Abs. 5 d.E.

13 Abl. Nr. L 359/2 v. 8.12.1989.

14 Vgl. dazu BVerfG — BvO 3/89 —.

15 Lebensmittel- und Bedarfsgegenständegesetz vom 15.8.1974, BGBl. I S. 1945, 1946.

nehmen erfüllt[16]. An in der Bundesrepublik bereits bestehenden, weitergehenden Einschränkungen sind hier etwa das Sportsponsoring oder die Fernsehwerbung[17] zu nennen. Insbesondere das in Art. 4 des Richtlinienentwurfs bezüglich der Tabakwerbung[18] vorgesehene Verbot der an Jugendliche gerichteten Werbung für Tabakartikel ist bereits durch § 22 LMBG geregelt.

Andere Regelungen dieses Richtlinienentwurfs, wie die als Regelungen zur Verhinderung von Umgehungen deklarierten Art. 3 Abs. 2 und 3 sollen die Werbung für sämtliche Produkte verbieten, die zwar selbst keine Tabakprodukte sind, aber auf die Marke eines Tabakartikels bezug nehmen[19]. Man denke hier etwa an Bekleidung (z. B. Camel) oder Herrenkosmetiklinien (z. B. Davidoff). Auch derartige normative Projekte sind — ungeachtet ihrer möglichen verfassungsrechtlichen Bedenklichkeit indes nicht Gegenstand dieser Untersuchung. Angemerkt sei aber insbesondere die begriffliche Unklarheit des Art. 3 Abs. 2 d. E. Danach ist eine Werbung in der Presse oder durch Plakate verboten, die das Tabakerzeugnis zwar nicht direkt erwähnt, sich jedoch eines Warenzeichens, Emblems, Symbols oder anderen Kennzeichens bedient, das überwiegend für Tabakerzeugnisse verwendet wird. Nach Abs. 3 sind hiervon ausdrücklich nur *zufällige* Übereinstimmungen mit anderen Marken ausgenommen. Vergibt also etwa ein Luxusartikelhersteller an einen Tabakhersteller die Lizenz zur Nutzung seiner Marke, hinge die Befugnis, ob er weiterhin für seine Juwelen, Uhren oder Feuerzeuge werben darf, davon ab, ob die Marke „überwiegend" für den Tabakartikel oder für die originären Produkte des Lizenzgebers verwendet wird. Ob damit allerdings die Bekanntheit beim (welchem?) Publikum oder die Umsatzstärke gemeint ist, bleibt unklar.

Von Bedeutung im Zusammenhang der Studie sind dagegen die obligatorischen Warnhinweise in der Tabakwerbung (z. B. Werbetafeln), die im wesentlichen jenen auf Zigarettenpackungen entsprechen. Es besteht insofern ein qualitativer Unterschied, als die Warnungen auf Werbeplakaten mindestens 10 % der Fläche zuzüglich etwaiger Urheberangaben einnehmen müssen[20].

An diese Ausgangssituation knüpfen sich die von der Forschungsgesellschaft Rauchen und Gesundheit m. b. H. aufgeworfenen Fragen und Problempunkte:

---

16 Vgl. die Richtlinien der Zigarettenindustrie für die Werbung auf dem deutschen Zigarettenmarkt von 1966, geänderte Fassung vom 12.6.1980, abgedruckt bei *Zipfel*, Lebensmittelrecht, Loseblatt, Bd. 2, C 100, § 22, S. 5 ff.; ferner die „Richtlinie über den Einsatz von Werbemitteln und -medien seitens der Beteiligten an der Vereinbarung über Richtlinien für die Werbung auf dem deutschen Cigarettenmarkt" (Richtlinien 1972), *Zipfel*, a.a.O., S. 11.

17 Vgl. § 22 Abs. 1 LMBG.

18 Abl. Nr. C 116/10 v. 11.5.1990.

19 Tabakwerbungsrichtlinienentwurf, geänd. Wortlaut., Abl. Nr. C 166/10 v. 11.5.1990.

20 Art. 2 Abs. 4 d. E., Abl. Nr. C 166/9 v. 11.5.1990.

1. Ist es verfassungsrechtlich zulässig, einen Hersteller zu zwingen, auf seinem Produkt mit einer wissenschaftlich nicht vertretbaren Meinung zu warnen?
2. Bei der rechtlichen Prüfung, ob eine Warnung zutreffend ist oder nicht, ergeben sich mehrere denkbare Empfängerhorizonte, unter denen die betreffende Warnung interpretiert werden muß, zum Beispiel
   a) der Durchschnittskonsument,
   b) ein besonders interessierter nachdenklicher Leser der Warnung,
   c) ein medizinischer oder statistischer Wissenschaftler
3. Bei der Frage der verfassungsrechtlichen Zulässigkeit könnte eine Erwägung eine Rolle spielen, die davon ausgeht, daß alle positiv formulierten Grundrechte negative Entsprechungsrechte haben. Dieser, wohl zuerst an der positiven Koalitionsfreiheit entwickelte Grundsatz ließe sich vielleicht auch auf die Meinungsfreiheit dergestalt übertragen, daß notwendiges Korrelat der positiven Handlungsfreiheit die Freiheit ist, nicht gezwungen zu werden, sich mit einer Meinung zu identifizieren, die man selbst nicht teilt.
4. Dieser Grundsatz könnte für alle Zwangsbekanntmachungen und -kommunikationen, insbesondere im Arzneimittelrecht und im Lebensmittelrecht, Bedeutung erlangen. Dabei drängt sich zugleich die Beobachtung auf, daß man hier wohl zwischen reinen Tatsachenbehauptungen und Werturteilen unterscheiden muß. Eine reine Tatsachenbehauptung, zum Beispiel eine Inhaltsangabe auf einem Produkt, wird unter diesem Aspekt wohl nicht als geschützte Meinung fungieren können. Anders könnte es sein mit Bewertungen über mögliche Folgen des Konsums eines Produktes.

II. Beispiele zur Kennzeichnung durch Warnhinweise im geltenden Recht

Um die rechtliche Dimension der neuen Warnhinweise sinnvoll darzustellen, soll zunächst ein beispielhafter Überblick über einschlägige Kennzeichnungspflichten nach dem geltenden Recht gegeben werden. Interessant sind in diesem Zusammenhang obligatorische Inhaltsangaben, Warnhinweise und Ratschläge, die unmittelbar an den Endverbraucher gerichtet sind.

A. Tabakerzeugnisse

Seit der ersten Änderungsverordnung zur Tabakverordnung vom 20. Dezember 1977[1] also spätestens seit dem 1. Januar 1987 für bis zum 1. Januar 1984 hergestellte Tabakerzeugnisse[2] — dürfen Produkte i. S. d. § 3 Abs. 1 LMBG nur noch mit dem bekannten Warnhinweis

„Der Bundesgesundheitsminister: Rauchen gefährdet Ihre Gesundheit"

in deutlich sichtbarer, leicht lesbarer und unverwischbarer Schrift in den Verkehr gebracht werden (§ 3 a TabakVO). Daneben ist die Angabe der enthaltenen Inhaltsstoffe Teer und Nikotin vorgeschrieben. Bei Zigaretten muß dabei die Formulierung

„Der Rauch einer Zigarette dieser Marke enthält . . ."

verwendet werden. Die gleichen Hinweise müssen in der Printwerbung für Zigaretten bereits nach einem 1980 von der Zigarettenindustrie getroffenen Übereinkommen[3] verwandt werden. In Abschnitt II des Übereinkommens, welches speziell die Zeitschriften- und Plakatwerbung regelt, sind detaillierte Regelungen über Anordnung, Wortlaut und Schriftgröße der Warn- und Informationshinweise enthalten.

B. Arzneimittelrecht

Verpflichtend für den Hersteller von Arzneimitteln ist die Angabe von Kontraindikationen, Nebenwirkungen und Wechselwirkungen auf Beipackzetteln und Verpackungen von Medikamenten gem. § 10 Abs. 2 und § 11 Abs. 2, jeweils

---

[1] Vom 26.10.1982, BR Drs. 237/82; BGBl. I 1982 Nr. 40, S. 1444.

[2] Vgl. *Zipfel,* Lebensmittelrecht, Bd. 4, C 100, § 21, Rdnr. 17.

[3] *Zipfel,* a.a.O., Rdnr. 16.

iVm. § 28 Abs. 1 und 2, Nr. 1 lit a) AMG[4] sowie in der Werbung für Heilmittel gem. § 4 Abs. 1 Nr. 5, 6 und 7 HWG[5] iVm. § 11 Abs. 2 AMG. Besonders hervorzuheben sind dabei Hinweise auf das Reaktionsvermögen, wie etwa

> „Dieses Arzneimittel kann auch bei bestimmungsgemäßem Gebrauch das Reaktionsvermögen soweit verändern, daß die Fähigkeit zur aktiven Teilnahme am Straßenverkehr oder zum Bedienen von Maschinen beeinträchtigt wird.“

oder die Warnung vor langfristigem Gebrauch ohne ärztliche Verordnung.

Die Zulassungsbehörden für Arzneimittel können in die Kennzeichnung eingreifen, indem sie bestimmte Angaben als Auflage der Arzneimittel-Zulassung verbindlich machen. Dabei gehören Warnhinweise zur präventiven Gefahrenabwehr. Die Notwendigkeit solcher Hinweise muß die Zulassungsbehörde durch den Nachweis begründen, daß nach den Erkenntnissen der medizinischen Wissenschaft bei bestimmungsgemäßem Gebrauch des Arzneimittels mit einer Gefährdung in bestimmten Situationen oder bei bestimmten Personen gerechnet werden muß. Der Hersteller muß also nur solche Warnungen durch seine Produkte verbreiten, die dem Stand der Wissenschaft entsprechen, wobei dem Staat der Beweis obliegt, daß die von ihm beabsichtigte Warnung den Tatsachen entspricht. Ist das Medikament nicht allein oder nicht zwangsläufig für eine bestimmte Gefahr verantwortlich, so muß dies aus der Formulierung ersichtlich werden. Es darf nur die Warnung vor dem erkannten Grad der Kausalität vorgeschrieben werden. Ist jener wissenschaftlich noch nicht abschließend geklärt, muß die Formulierung entsprechend eingeschränkt sein (z. B. „Kann nicht ausgeschlossen werden“, oder „Risiken sind möglich“).

C. Chemikalienrecht

Im Bereich des ChemG[6] sind bestimmte Warnungen vor gesundheitsschädlichen Wirkungen von Chemikalien, z. B. in Oberflächenbehandlungs-, Lösungs- und Schädlingsbekämpfungsmitteln oder anderen Gefahrstoffen / Zubereitungen gem. §§ 13, 14 Abs. 1 Nr. 2 ChemG i.V.m. § 4 Abs. 1 Nr. 2-5 GefStoffV[7] vorgeschrieben. Verpflichtend sind danach neben der Bezeichnung der Bestandteile der Zubereitung die Verwendung eines Gefahrensymbols (z. B. Totenkopf, Flamme) und einer Gefahrenbezeichnung (z. B. „giftig“, „leichtentzündlich“).

---

[4] Gesetz über den Verkehr mit Arzneimitteln vom 16. Mai 1961 (BGBl. I, S. 533) — Arzneimittelgesetz —.

[5] Gesetz über die Werbung auf dem Gebiet des Heilwesens vom 11. Juli 1965 (BGBl.I, S. 604) idF. der Bekanntmachung vom 18. Oktober 1978 (BGBl. I, S. 1677) — Heilmittelwerbegesetz —.

[6] Gesetz zum Schutz vor gefährlichen Stoffen v. 16. September 1980, BGBl. I S. 1718 — Chemikaliengesetz —.

[7] Verordnung über gefährliche Stoffe v. 26. August 1986, BGBl. I S. 1470 — Gefahrstoffverordnung —.

Daneben müssen aber auch sogenannte „R-Sätze" (Hinweise auf besondere Gefahren) und „S-Sätze" (Sicherheitsratschläge) aufgebracht werden. „R-Sätze" in diesem Sinne sind z. B.:

— „Gesundheitsschädlich beim Einatmen", für inhalativ mindergiftige Stoffe (R 20)

— „Kann Krebs erzeugen", für als krebserzeugend eingestufte Stoffe (R 45)

— „Gefahr ernster Gesundheitsschäden bei längerer Exposition" (R 48)

— „Kann Mißbildungen verursachen" (R 47)

— „Kann vererbbare Schäden verursachen" (R 46)

— „Ernste Gefahr irreversiblen Schadens"(R 39)

„S-Sätze" sind z. B.:

— „Unter Verschluß aufbewahren" (S 1) oder

— „Darf nicht in die Hände von Kindern gelangen (S 2).

Signifikant ist wieder, daß nur vor tatsächlichen Gefahren in sachlicher Form und ohne Übertreibung in Bezug auf den Grad der Kausalität gewarnt wird.

D. Gefahrguttransportrecht

Weitere Warnhinweispflichten bestehen für den Transport gefährlicher Güter. Beispielhaft seien hier die entsprechenden Regelungen für den Straßenverkehr genannt. Warnhinweis- und Kennzeichnungspflichten ergeben sich dabei für nationale Transporte aus der GGVS[8] i.V. m. dem GBefGG[9]. Für internationale Transporte gefährlicher Güter im Straßenverkehr gelten die GGVS, soweit sie dies ausdrücklich bestimmt, sowie das „Europäische Übereinkommen über die internationale Beförderung auf der Straße"[10].

Nach den einschlägigen Bestimmungen müssen an Fahrzeugen, die gefährliche Stoffe i. S. d. § 2 Abs. 1 GBefGG aller Gefahrenklassen transportieren, vorne und hinten orangerote Warntafeln angebracht sein[11]. Bei bestimmten Transportbehältnissen und transportierten Stoffen[12] muß zudem eine Kennzeichnungsnummer vorhanden sein, die es Hilfskräften im Falle eines Unfalls erlauben, die Gefahr schnell richtig einzuschätzen und die richtigen Maßnahmen zu treffen. Ergänzt wird diese Kennzeichnung durch sog. Gefahrzettel, die alle an der Beförderung

---

[8] VO über die innerstaatliche und grenzüberschreitende Beförderung gefährlicher Güter auf Straßen v. 22. Juli 1985, BGBl. I S. 1550 Gefahrgutverordnung Straße —. Vgl. dazu auch die zur Durchführung erlassene Richtlinie RS 002, sowie die technischen Richtlinien TRS 001 ff.

[9] Gesetz über die Beförderung gefährlicher Güter v. 6. August 1975, BGBl. I S. 2121.

[10] ADR — Übereinkommen mit den Anlagen A und B, wobei für die Kennzeichnungspflichten insbesondere die Anlage B maßgeblich ist.

[11] Ausgenommen radioaktive Stoffe, welche der besonderen Kennzeichnung durch schwarz-weiße Warntafeln mit entsprechender Aufschrift und Symbolik bedürfen.

[12] Vgl. Anlage B 5 (Rdnr. 250 000).

unmittelbar Beteiligten sowie sonstige mögliche Betroffene auf die von dem Gefahrgut ausgehenden Gefahren optisch aufmerksam machen sollen. Die auf den Gefahrzetteln befindlichen Gefahrsymbole (explosiv, entzündlich, giftig, oxydierend, radioaktiv, infektiös, ätzend, etc.) sind durch die Einführung der UN — Gefahrzettel weltweit identisch und warnen vor den im Gefahrgut verkörperten Gefahren. Mit diesen Hinweispflichten und Gefahrinformationen sollen potentielle Kontaktpersonen auf die vom Gefahrgut ausgehenden Risiken hingewiesen werden[13]. Dabei kommt selbstverständlich nur die (sachliche) Warnung vor tatsächlich bestehenden Risiken in Betracht. Eine überzeichnende, übertreibende oder gar bewußt unwahre Warnung ist auch hier den Warnhinweis- und Kennzeichnungspflichten fremd.

E. Lebensmittelrecht

Kennzeichnungspflichten im Lebensmittelrecht bestehen gem. § 7 LMBG (Mindesthaltbarkeitsdatum), der LMKV[14] sowie zahlreichen Sondervorschriften[15]. Danach müssen bei verpackten Lebensmitteln idR. bestimmte Inhaltsstoffe, wie Farb- oder Konservierungsstoffe deklariert werden. Daneben können durch Verordnungen auf Grund der Ermächtigung in § 9 Abs. 1 Nr. 5 LMBG besondere Warnhinweise vorgeschrieben werden. Solche sind beispielsweise:

— „Vorsicht, bebrütete Enteneier, nicht zum menschlichen Verzehr tauglich“, oder

— „Essigessenz, zum unverdünnten Gebrauch ungeeignet“.

Alle Hinweise (z. B. i. S. d. § 2 LMKV) müssen deutlich sichtbar und leicht lesbar sein. Eine Schrift ist dies dann, wenn sie sich wegen der Größe, Farbe, Anordnung der Buchstaben vom Untergrund und der Umgebung leicht abhebt und von einem Menschen mit voller Sehkraft ohne Hilfsmittel und ohne Anstrengung gelesen werden kann[16]. Allgemein obligatorische warnende Hinweise, etwa vor den Gefahren durch alkoholische Getränke oder stark fetthaltige Speisen bestehen nicht[17].

---

13 *Ridder*, Gefahrgut — Handbuch, 1988, Bd. 3, A XII, 3. 1, S. 139.

14 Verordnung über die äußere Kennzeichnung von Lebensmitteln i.d. Neufassung v. 25. Januar 1972 (BGBl. I S. 85); abgelöst durch LMKV v. 22. Dezember 1981.

15 Z.B. § 6 FleischVO (abgedruckt in: *Zipfel*, Lebensmittelrecht, A 235), § 6 Essenzen-VO (*Zipfel*, A 381), § 4 Abs. 1 S. 2 VO über Enteneier (*Zipfel*, A 263), §§ 2, 4 VO Essig / -essenz (*Zipfel*, A 386), § 2 Abs. 1 VO Knochenfett (*Zipfel*, A 298), VO Speiseeis (*Zipfel*, A 360), VO Tafelwässer (*Zipfel*, A 435), § 2 VO vitaminisierte Lebensmittel (*Zipfel*, A 25).

16 *Zipfel*, § 2 LMKV, Rdnr. 43.

17 Obwohl Warnungen etwa vor dem Genuß durch Diabetiker oder Hypertoniker durchaus denkbar wären.

F. Gesamtvergleich

In der Gesamtschau schon bestehender informativer oder warnender Kennzeichnungspflichten im Bereich des Lebensmittel- und Konsumgüterrechts läßt sich eine gewisse Einheitlichkeit konstatieren. Wo daran ein öffentliches Interesse besteht, kann es dem Hersteller grundsätzlich aufgegeben werden, bestimmte Inhaltsstoffe seiner Ware auf der Verpackung anzugeben[18]. Darüber hinaus muß er vor bestehenden Gefahren in sachlicher und zutreffender Form warnen. Zur Definition dieser Gefahren sind z.T. komplexe Methoden vorgeschrieben[19]. Bei Unklarheiten über den Grad eines Risikos muß eine Formulierung gewählt werden, die diesem Umstand Rechnung trägt (z. B. Kann ... verursachen). Im Vordergrund steht hier die Information, wobei damit allerdings auch Lenkungserwartungen verbunden werden. Gebaut wird auf die Einsicht der Rezipienten dieser Informationen.

Von diesen primär informierenden (und nur sekundär lenkenden) Maßnahmen sind die vorrangig verhaltenslenkenden Maßnahmen zu unterscheiden. Sie sind zwar Warnhinweise im allgemeinen Sprachgebrauch; sie sind aber nicht generell mit den primär informierenden Warnhinweisen zu vergleichen, die bisher üblich sind. Es ist daher nicht unproblematisch, solche influenzierenden Warnungen (meinungspflegende Hinweise) undifferenziert ebenfalls als Warnhinweise im Sinne der technischen Terminologie des Lebensmittel- und Konsumgüterrechts zu bezeichnen.

Den bestehenden obligatorischen Warnhinweisen (mit Ausnahme jener für Tabakerzeugnisse) ist ein gemeinsames Merkmal eigen. Jeweils dienen sie dazu, vor Gefahren bei der Handhabung bestimmter Produkte zu warnen. Die prinzipielle Einschränkung des Gebrauchs (oder Verzehrs, Genusses, etc.) als solcher soll durch die Warnungen nicht bewirkt werden. Es ist evident, daß zu diesem Zweck der Aufklärung über bestimmte Risiken nur wahrheitsgemäße, nicht dagegen überzogene oder gar unwahre Hinweise benutzt werden und werden können.

---

[18] Dies ist nicht immer unproblematisch, wenn man den Aspekt des gewerblichen Geheimschutzes (etwa für eine bestimmte Rezeptur) in Rechnung stellt. Gerechtfertigt ist diese „Offenbarungspflicht" indes wegen des Informationsinteresses, das seinen Grund in der Gesundheitsrelevanz der entsprechenden Produkte hat.

[19] Wie z. B. die Meß- und Einstufungsverfahren nach der GefStoffV.

III. Grundrechtsrelevanz der vorgesehenen Regelungen im Hinblick auf die Hersteller von Tabakartikeln

A. Art. 5 GG

1. Schutzbereich des Art. 5 Abs. 1 S. 1 GG

Durch die in Angriff genommene Regelung in der EG — Richtlinie werden die Produzenten in die Verbreitung von Informationen durch den Staat einbezogen, die ihren eigenen Vorstellungen und Interessen — letztlich ihrer Meinung — diametral entgegenstehen.

Vergleichbare Phänomene finden sich in der bisherigen staatlichen Informationspolitik der Bundesrepublik Deutschland — wie festgestellt — selten. Bislang am ehesten verwandtes Beispiel ist die derzeitige Rechtslage bei Zigarettenfertigpackungen und -werbeplakaten, die bereits skizziert wurde[1].

Ob und gegebenenfalls wie weit diese bisherigen Regelungen Grundrechtspositionen der tabakverarbeitenden Industrie — und hier insbesondere Art. 5 Abs. 1 S. 1 GG tangieren, steht vorliegend nicht zur Untersuchung an und mag als solche dahingestellt bleiben.

Unterschiede des bisherigen Rechts zu der neuen Regelung bestehen neben den veränderten Flächenanforderungen[2] vor allem in qualitativer Hinsicht: Der bislang obligatorische Hinweis bei Zigaretten, einschließlich der Angabe der enthaltenen Schadstoffe, beinhaltet lediglich die Publikation eines wissenschaftlich teilweise erhärteten und in weiten Teilen der Bevölkerung anerkannten Umstandes — daß Rauchen die Gesundheit gefährden kann. Nunmehr kommt durch die Umsetzung der EGRichtlinie hinzu, daß auch medizinisch nicht anerkannte und wissenschaftlich nicht erhärtete Informationen durch die Zigarettenpackung transportiert werden sollen. Diese wichtige Differenz zwischen der bisherigen und der neuen Rechtslage wird besonders bei der Frage zu untersuchen sein, ob und inwiefern eine „Meinung" i. S. d. Art. 5 Abs. 1 S. 1 GG transportiert wird[3]. Dieses Novum macht letztlich auch den Umstand aus, der den Inhalt der geplanten Neuregelung von allen bekannten Warnhinweisen und ähnlichen staatlichen oder staatlich initiierten Hinweisen und Informationen auf privaten Produkten unterscheidet[4].

---

[1] Vgl. dazu im einzelnen oben S. 14.

[2] Vgl. Art. 3 Abs. 3 und Art. 4 Abs. 4 der Etikettierungsrichtlinie.

[3] Unten S. 20 f.

Daher wird insbesondere zu untersuchen sein, ob mit den projektierten Warnhinweisen eine neue Qualität des Eingriffs hinsichtlich des Schutzbereichs des Art. 5 Abs. 1 S. 1 GG verbunden ist. Da der Gedanke naheliegt, daß die Hersteller zur Distribution der „staatlichen Meinung" oder zur Bekennung einer bestimmten „eigenen" gezwungen werden, ist vorrangig Maßstab die sogenannte „negative Meinungsäußerungsfreiheit".

a) Sachlicher Schutzbereich: Meinungsäußerung und Tatsachenwiedergabe

Die Frage, welche Art von menschlichen Äußerungen von Art. 5 Abs. 1 S. 1 GG geschützt sind, ist seit jeher umstritten. Inzwischen läßt sich aber zwischen den Extrempositionen — nur reine Werturteile[5] oder aber sämtliche Äußerungen einschließlich reiner Tatsachenmitteilungen auch ohne Bezug zur Meinungsbildung[6] — eine klare Grenzziehung erblicken. Heute besteht eine grundsätzliche Konvergenz zwischen einer nunmehr h. M. in der Literatur[7] und der neueren Rechtsprechung des BVerfG.

„Meinung" in diesem Sinne ist dabei zunächst jede Äußerung, die ein Werturteil beinhaltet[8]. Dies ist der Kern der Aussage des Art. 5 Abs. 1 S. 1 GG, über den Einigkeit besteht[9]. Daneben ist aber auch grundsätzlich die Kommunikation mit Tatsachenmitteilungen durch Art. 5 Abs. 1 S. 1 GG geschützt[10]. Für diese Auslegung sprechen mehrere Gründe, die in ihrer Zusammenschau zwingend sind:

Ein der traditionellen Lehre — Meinung sei nur Werturteil —, für die immerhin die grammatische und historische Auslegung spricht[11], stets entgegengehaltenes Argument besagt, daß eine randscharfe Abgrenzung von Werturteilen und Tatsachenmitteilungen objektiv unmöglich ist[12]. Für dieses Argument spricht u. a., daß ein fundiertes Werturteil ohne Zugrundelegung eines gewissen Tatsachenmaterials kaum denkbar ist. Auch die Tatsachenbehauptung ist im übrigen häufig mit einem Werturteil des Behauptenden verbunden[13]. Bereits die Auswahl der übermittelten (Tatsachen-)Informationen beinhaltet häufig konkludent eine Wer-

---

4 Vgl. oben S. 14 ff.

5 *Ridder,* (in: Die Grundrechte, S. 264 f.; *Leisner,* UFITA 27 (1962) S. 129 ff. (138); *Scheuner,* Pressefreiheit, S. 63.

6 *Eberle,* DÖV 1977, 306 ff. (310).

7 Die traditionelle Lehre wird von *Herzog,* der sie dezidiert ablehnt, noch als h.L. bezeichnet (in: *M-D-H-S, GG,* Art. 5 Abs. 1 u. 2 GG, Rdnr. 50). Diese Klassifizierung dürfte indes überholt sein.

8 BVerfGE 7, 198 (210); 33, 1 (14 f.); 61, 1 (7).

9 Vgl. *Schmidt-Jortzig,* Meinungs- und Informationsfreiheit, Rdnr. 18.

10 *Kloepfer,* Grundrechte, S. 60.

11 Vgl.*Pieroth / Schlink,* Grundrechte, Rdnr. 627.

12 *Herzog,* a.a.O., Rdnr. 51.

13 *Pieroth / Schlink,* Grundrechte, Rdnr. 628.

tung und mithin ein Werturteil[14]. Zutreffend ist überdies, daß sich zwischen den eindeutig bestimmbaren Polen: rein subjektives Werturteil einerseits und rein objektive, statistische oder mathematisch genaue Tatsacheninformation andererseits[15] ein breites Graufeld befindet. In diesem ist eine klare Abgrenzung z.T. schwierig (insoweit ist das Abgrenzungs-Argument durchaus nicht zwingend[16]), z.T. aber auch tatsächlich unmöglich[17].

Aber auch grundrechtssystematische Überlegungen führen zu einer Einbeziehung von Tatsachenäußerungen in den Schutzbereich der Meinungsäußerungsfreiheit. Die Informationsfreiheit des Art. 5 Abs. 1 S. 2 GG, wo sie auch Meinungsempfangsfreiheit ist, und die Meinungsäußerungsfreiheit sind zwei Pole eines zusammengehörenden Kommunikationsvorganges[18]. Art. 5 Abs. 1 S. 1 GG meint nicht die Meinungsäußerung im schalldichten Raum; das Recht auf freie Meinungsäußerung beinhaltet grundsätzlich auch das (eingriffsabwehrende) Recht auf eine unbeeinträchtigte Zuhörerschaft, welche die Äußerung empfangen darf. Die Meinungsäußerungsfreiheit ist daher entsprechungsrechtlich[19] auf die Informationsfreiheit angewiesen. Ebenso braucht die Informationsfreiheit die Meinungsäußerungsfreiheit, denn wenn die Meinungskundgabe entfällt, ist die Freiheit, Informationen zu empfangen, weitgehend wertlos. Die Informationsfreiheit garantiert dabei gerade auch den Empfang von Tatsachenäußerungen, da diese der Meinungsbildung dienen. Das entsprechende aktive Recht ist dann die Meinungsäußerungsfreiheit, welche auch ebensolche Tatsachenmitteilungen umfaßt.

Nach der Konzeption des BVerfG ist der Begriff der Meinung grundsätzlich weit zu verstehen. Wenn eine Äußerung „durch die Elemente der Stellungnahme, des Dafürhaltens oder Meinens geprägt ist", ist sie vom sachlichen Schutzbereich des Art. 5 Abs. 1 S. 1 GG erfaßt[20]. Daraus folgt, daß Tatsachenmitteilungen jedenfalls dann geschützte Meinungsäußerungen darstellen, wenn sie werturteilsgleiche Tatsachenäußerungen sind oder sie in ihrer Wirkung oder Intention ähnlich meinungsrelevant wie Werturteile sind[21]. Die Mitteilung von Tatsachen wird durch das Grundrecht des Art. 5 Abs. 1 S. 1 GG geschützt, weil und soweit sie Voraussetzung der Bildung von Meinungen ist[22].

---

14 Vgl. *Kloepfer*, Information als Intervention, S. 7.

15 Etwa das Zielfoto beim Einhundertmeterlauf.

16 Versuche der Objektivierung der Abgrenzungsmaßstäbe etwa bei *Wenzel*, AfP 1971, 161 f.(161), oder *Pieroth / Schlink*, Rdnr. 627 f.

17 *Herzog*, a.a.O., Rdnr. 51.

18 A.A. *Kimminich*, Der Staat 3 (1964), S. 71, nach dem zwar Art. 5 Abs. 1 S. 1 GG auch die Meinungsempfangsfreiheit gewährt, diese aber nicht der Informationsfreiheit entspricht. Ausführlich dazu unten S. 58 ff.

19 Zu diesem Begriff allgemein *Kloepfer*, Grundrechte, S. 24 ff.

20 BVerfGE 61, 1 (9); 65, 1 (41).

21 BVerfGE 61, 1 (7, 9, 10); 65, 1 (41); 66, 116 (136, 149) sowie E 71, 162 (179).

22 BVerfGE 71, 162, (179).

Begrenzt man den Schutzbereich des Art. 5 Abs. 1 S. 1 GG auf die Kundgabe von Meinungen oder meinungsgleichen bzw. -bildenden Informationen, fallen a priori die bisher festzustellenden Hinweis-, Warn- und Kennzeichnungspflichten[23] im wesentlichen nicht in den Bereich der von Art. 5 Abs. 1 S. 1 GG geschützten Kommunikation. Die sachlichen und neutralen Hinweise auf Inhaltsstoffe oder mögliche Gefahren, die wissenschaftlich erwiesen (d.h. grundsätzlich nicht mehr umstritten) sind, stellen gleichsam „statistische" Tatsachen dar, die als solche nicht meinungsbildend wirken[24]. Die Verpflichtung, sie weiterzugeben kann daher in die Meinungsäußerungsfreiheit nicht eingreifen.

Wenn aber Warnhinweise diese „statistische" Ebene verlassen, wird eine Abgrenzung zur Meinungsäußerung erforderlich. Eine solche wird regelmäßig dann vorliegen, wenn die Formulierung geeignet und dazu bestimmt ist, auf die Meinung des Empfängers einzuwirken. Eindeutig ist der Bereich der meinungsrelevanten Tatsachenäußerung und damit des sachlichen Schutzbereichs des Art. 5 Abs. 1 S. 1 GG betreten, wenn der Absender eine übertriebene und gezielt schrekkende Aussage verwendet, um durch Schockierung den Empfänger „wachzurütteln" (und sein Verhalten zu lenken).

Die im Katalog der Warnhinweise nach Art. 2 Abs. 1 der Richtlinie enthaltenen Aussagen unterfallen dieser Definition zum Großteil. Zu den „Warnungen" mit gezielt abschreckendem Inhalt gehören beispielsweise:

— „Rauchen ist tödlich"

— „Rauchen führt zu tödlichen Krankheiten"

— „Rauchen gefährdet die Gesundheit Ihrer Mitmenschen"

Weiterhin müssen zu dieser Kategorie alle jene Hinweise gerechnet werden, die eine unbedingte Kausalität des Rauchens für bestimmte Folgen suggerieren, wenn tatsächlich nur eine Mitursächlichkeit oder eine Gefährdung besteht[25].

Schließlich kann man auch solche Hinweise nicht als „reine, statistische" Tatsachenäußerungen qualifizieren (und damit aus dem Schutzbereich des Art. 5 GG herausnehmen), die nicht in erster Linie informativ oder warnend im eigentlichen Sinne sind, sondern darüberhinaus oder stattdessen appellatorischen Inhalt haben, wie etwa:

— „Bereichern Sie sich: Geben Sie das Rauchen auf"

Auch sie gehören mithin jedenfalls zu dem Bereich der durch Art. 5 Abs. 1 GG geschützten Kommunikation.

---

23 Vgl. oben S. 14 ff.

24 Davon zu trennen ist die Möglichkeit, daß der Einzelne sie gleichwohl zum Anlaß der Meinungsbildung nimmt. Bei dem Hinweis: "Rauchen gefährdet ihre Gesundheit" ist der meinungsbildende Effekt natürlich unübersehbar.

25 Diese Frage ist allerdings nicht rechtlich, sondern naturwissenschaftlich zu klären.

b) Existenz der negativen Meinungsfreiheit

Nach seinem Wortlaut gewährleistet Art. 5 Abs. 1 S. 1 GG lediglich jedem das Recht, „seine Meinung in Wort, Schrift und Bild frei zu äußern und zu verbreiten“. Es knüpft sich folgerichtig die Frage an, ob dies auch das negative Recht, „seine Meinung nicht zu äußern oder zu verbreiten“[26] und darüber hinaus die Freiheit beinhaltet, an der Distribution einer fremden Auffassung nicht zu partizipieren.

Der Kommentierung von *Herzog* genügt dabei die Feststellung: „Wie alle Grundrechte des GG mit Ausnahme des Art. 6 Abs. 2 GG hat auch Art. 5 Abs. 1 S. 1 GG eine negative Komponente[27]. Garantiert ist nicht nur die Freiheit, seine Meinung zu äußern, ... ‚sondern genauso auch die Freiheit, keine Meinung zu äußern, ...[28]“ Dabei ist allerdings zu bedenken, daß bisweilen der Versuch unternommen worden ist, den Schutz, den die negative Komponente der Grundrechte gewährt, durch die Statuierung von korrespondierenden Pflichten zu relativieren[29]. Es ist daher der Frage nachzugehen, ob durch eine solche Argumentation die Einschränkung der Garantie einer negativen Meinungsäußerungsfreiheit möglich ist.

Die Antwort auf die Frage negativer grundrechtlicher Schutzkomponenten und ihrer Einschränkbarkeit ergibt sich maßgeblich aus dem Wesen der Grundrechte. Diese werden in einer gängigen Terminologie[30] als Schutzrechte einerseits und Darf- bzw. Freiheitsrechte andererseits differenziert.

Die Grundrechte der ersten Gruppe, der Schutzrechte, — zu nennen sind primär die Art. 10 GG (Brief-, Post- und Fernmeldegeheimnis) und Art. 13 GG (Unverletzlichkeit der Wohnung) — geben dem Grundrechtsträger ausschließlich ein Abwehrrecht gegen den Grundrechtsverpflichteten[31]. Dieser Unterlassungsanspruch gewährt in seiner Umkehrung indes keine Betätigungsgarantie[32]. Etwa statuiert Art. 10 Abs. 1 GG nicht das allgemeine Recht, die Leistungen der Post in Anspruch zu nehmen, sondern grundsätzlich nur die Freiheit von Eingriffen in das Postgeheimnis, die nicht von der Schrankenregelung des Art. 10 Abs. 2 GG gedeckt sind.

Anders verhält es sich mit den Grundrechten der zweiten Gruppe, den Darf- bzw. Freiheitsrechten. Diese gewähren die unmittelbare Befugnis, eine Handlung

26 Vgl. *v.Münch*, GG, Art. 5, Rdnr. 12.

27 Hervorhebung im Original.

28 *Herzog*, in M-D-H-S, Art. 5, Rdnr. 40.

29 Z.B. von *Geiger*, Zur Diskussion über die Freiheit, S. 187 f. (für Art. 4 GG), *ders.*, Grundrechte und Rechtsprechung, S. 53 oder von Ekkehart *Kaufmann*, JZ 1972, 46.

30 *Herzog*, Allgemeine Staatslehre, S. 373, grundlegend schon *Giese*, Die Grundrechte, S. 90 ff.

31 *Merten*, VerwArch 73 (1982) S. 103, *Schwabe*, Probleme der Grundrechtsdogmatik, S. 23 ff.

32 *Wilke*, Die Verwirkung, S. 20.

vorzunehmen, ohne hierin durch den Staat anders als den Schrankenregelungen entsprechend eingeschränkt zu werden[33]. Der Grundrechtsberechtigte darf die insoweit geschützte Handlung vornehmen. Dem Unterlassungsanspruch bei den Schutzrechten entspricht ein Duldungsanspruch bei den Freiheitsrechten[34].

Aber ergibt sich aus dieser freiheitsrechtlichen Handlungsbefugnis auch eine Pflicht, diese zu betätigen? Grundrechte markieren den Bereich der individuellen Freiheit von staatlicher Reglementierung. Sie sind nach einer relativ frühen Auffassung von *Giese* öffentlich-rechtliche Normen, „welche der Staat zum Zeichen der Anerkennung einer von seinen Funktionen unberührt bleibenden Freiheitssphäre der seiner Gewalt grundsätzlich unterstehenden Individuen ... schafft"[35]. Der Kern dieser Aussage hat bis heute nicht an Aktualität verloren, wie zahlreiche Stimmen aus der späteren Literatur beweisen[36]. Danach dienen Grundrechte „der Aufrichtung von Bereichen, vor denen die Staatsgewalt haltmacht"[37]. Sie schaffen einen „Raum individueller Eigenverantwortlichkeit"[38].

Die Betonung dieses individuellen Freiraumes ist auch geradezu signifikant für die Rechtsprechung des BVerfG[39]. Wenn das Gericht die Ermittlung, Speicherung und Weitergabe von rein statistischen Tatsachen aus dem Bereich der durch Art. 5 Abs. 1 S. 1 GG geschützten Meinungsäußerung ausklammert, so geschieht dies gerade auch mit Blick auf die negative Meinungsäußerungsfreiheit. Wären solche Tatsachenweitergaben per se auch Meinungsäußerungen i. S. d. Art. 5 GG, so wären staatliche Informationsbegehren — etwa Volkszählungen — als Eingriff in die negative Meinungsäußerungsfreiheit anzusehen. Es ist aber einsichtig, daß hier zunächst ein anderer Grundrechtsaspekt tangiert ist, der vom BVerfG als das Recht auf informationelle Selbstbestimmung bezeichnet wurde[40]. In begrüßenswerter Deutlichkeit erkennt das BVerfG dabei die negative Meinungsäußerungsfreiheit an[41].

Wenn etwa *Geiger* sagt, „daß das individuelle Freiheitsrecht dem Menschen eingeräumt ist um des rechten Gebrauchs der Freiheit willen." und daß „dem Recht auf Freiheit ... durchaus eine wenn auch nicht erzwingbare Rechtspflicht des Bürgers zu verantwortungsbewußtem Gebrauchmachen von der Freiheit (ent-

---

33 *Merten,* VerwArch 73 (1982) S. 103.

34 *Bettermann,* DVBl.1975, 548.

35 Die Grundrechte, S. 76.

36 Wobei freilich z. T. ein erheblicher Grad an Differenziertheit erreicht wird; vgl. nur *Lübbe-Wolff,* Grundrechte, S. 75 ff. m.w.N.

37 *Forsthoff,* in FS Carl Schmitt, S. 186 ff.

38 *Rupp,* NJW 1972, 1541.

39 Vgl. E 7,377 (404); 10,354 (363); 12,1 (3); 12,205 (259 f.); 21,362 (369); 22,380 (384); 24,119 (138); 25,1 (19 f.); 27,1 (6);30,415 (423); 31,58 (76); 32,98 (106);33,23 (28); 34, 238 (245);35,77 (112); 35,202 (220); 35,366 (376); 50,290 (371).

40 Vgl. nur BVerfGE 65, 1 ff. (43) — Volkszählungsurteil —.

41 A.a.O., S. 40: „die durch Art. 5 Abs. 1 GG gewährleistete Freiheit, seine Meinung nicht zu äußern (negative Meinungsäußerungsfreiheit)".

spricht)"[42], so läßt dies zwei Deutungen zu. Die erste ist, daß jedermann die ihm zustehenden Freiheitsrechte im Sinne eines sittlich-moralischen Gebots nur in sittlich verträglicher Weise ausüben soll, die Entscheidung, ob er sie ausübt, ihm aber selbst obliegt. In dieser Deutung ist die vorstehende Aussage lediglich ein Appell, der sicher grundsätzlich zu begrüßen ist, nicht aber eine Frage der Grundrechtsdogmatik entscheiden kann. Dies deckt sich mit den — zutreffenden — Aussagen Herbert *Krügers,* nach der die Verfassung den Bürger nur auffordert, den Grundrechten entsprechend aktiv zu werden, ohne dabei rechtliche Verbindlichkeit zu beanspruchen[43] oder *Isensees,* daß ein rechtliches Angebot auch ein sittlicher Appell sein kann[44].

Problematischer ist die zweite mögliche Bedeutung[45], nach der eine echte rechtliche Pflicht zur „rechten" Grundrechtsbetätigung statuiert würde, wobei die Disposition über das „ob" dem Grundrechtsberechtigten entzogen ist. Hierdurch würde letztlich jedem Grundrecht eine entsprechende Grundpflicht gegenübergestellt. Daß dies in dieser Absolutheit nicht zutreffen kann, ist evident: etliche Grund(Freiheits-) rechte lassen sich schon begriffslogisch nicht in eine Pflicht transformieren. A priori undenkbar sind beispielsweise die Umkehrung von Art. 11 Abs. 1 GG (Freizügigkeit) in eine etwaige Pflicht zum Umherziehen oder von Art. 17 GG (Petitionsfreiheit) in eine Grundpflicht zum Verfassen von Eingaben[46]!

Richtig ist, daß Grundrechte nicht allein um ihrer selbst willen existieren. Der status negativus[47] als klassischer staatsgerichteter Abwehrgehalt der Freiheitsgrundrechte ist nur ein Bestandteil der umfassenden Grundrechtskonzeption[48]. Diesem steht ein ebenso bedeutender positiver Aspekt zur Seite, nach dem die Verfassung Grundrechte um der Aktualisierung der in ihnen garantierten Freiheiten willen gewährt[49]. Die Grundfreiheiten „leben" erst durch die Inanspruchnahme auf[50]. Nach *Smend* existieren Bourgeois und Staatsbürger, wobei letztere den (der Verfassung vorschwebenden) Idealtypus darstellen[51], die sich nicht in einer Sphäre privater Beliebigkeit vom Staat isolieren, sondern an den Angelegenheiten des Gemeinwesens mitwirken (teilhaben) sollen[52]. Ob dies wiederum lediglich ein „verfassungsethischer Aufruf" oder der Versuch ist, die staatsabwehrende

---

[42] *Geiger,* Freiheit, S. 202

[43] *Krüger,* BB 1956, 970

[44] *Isensee,* in: Essener Gespräche, Bd. 11, S. 22.

[45] Die der Aussage *Geigers* offensichtlich von *Merten,* VerwArch 73 (1982) S. 107 f. entnommen wird.

[46] Vgl. *Merten,* VerwArch 73 (1982) S. 108.

[47] *G. Jellinek,* Allgemeine Staatslehre, S. 418 ff.

[48] Vgl. etwa *Bleckmann,* Die Grundrechte, S. 198 f.

[49] *Hesse,* Verfassungsrecht, § 9, Rdnr. 288.

[50] Vgl. auch oben S. 32.

[51] *Smend,* in: Staatsrechtliche Abhandlungen, S. 309 ff.

[52] *Smend,* a.a.O. S. 316 ff.

Funktion der Grundrechte prinzipiell einzuschränken[53], mag hier dahinstehen. Die letztere Variante wäre unter der Konzeption des Bonner Grundgesetzes mit seinem freiheitlich-rechtsstaatlichen Grundrechtsverständnis obsolet.

Die positive Freiheit darf nicht dahingehend fehlinterpretiert werden, daß sie die Verpflichtung zu einem bestimmten Gebrauch der Freiheit enthält[54], mit der Folge, daß jede andere Betätigung oder Untätigkeit nicht mehr dem Schutzbereich des betreffenden Grundrechts unterfiele. Wo es das Anliegen des Grundgesetzes ist, die positive Aktualisierung der Grundrechte zu gewährleisten, da beinhaltet dies grundsätzlich auch die Freiheit hierzu, die nur möglich ist, wenn dem einzelnen diesbezüglich eine Wahlfreiheit zu Grundrechtsgebrauch oder Grundrechtsnichtgebrauch zusteht[55]. Es ist dies letztlich gewissermaßen eine Schnittmenge von status negativus und status activus, in der die Grundrechte gleichzeitig eine Funktion als Staatsabwehrrechte und als staatsbezogene Mitwirkungsrechte innehaben. Diese Funktionen sind nur dann gewährleistet, wenn die Grundrechte die „staatsfreie" Sphäre in positiver wie in negativer Hinsicht schützen. So geht dann auch die große Mehrheit der Autoren zu Recht davon aus, daß generell (mit Ausnahme von Art. 6 Abs. 2 GG) Grundrechte auch einen negativen Gehalt haben und auch ihre Nichtbetätigung geschützt ist[56]. Konkret für Art. 5 Abs. 1 S. 1 GG spricht noch ein weiteres Indiz für die Existenz einer negativen Komponente dieses Grundrechts. Bei der Informationsfreiheit nach Art. 5 Abs. 1 S. 1, 2. Alt. GG hat der Begriff der „allgemein zugänglichen Quellen" die Funktion, eben diese negative Meinungsfreiheit Dritter zu schützen, die vor einer Pflicht zur Mitteilung bewahrt werden sollen[57].

Aus dieser grundsätzlichen Einbeziehung der negativen Freiheitskomponente darf freilich nicht durchgängig die prinzipielle politische und soziale Gleichwertigkeit der positiven wie der negativen Grundrechtskomponenten und deshalb auch nicht die gleiche verfassungsrechtliche Schutzintensität für beide Komponenten gefolgert werden. Das hat notwendigerweise auch Konsequenzen für die Frage der Einschränkbarkeit der jeweiligen Grundrechtsgehalte. Dabei darf freilich aus der demokratisch-funktionellen Grundrechtsinterpretation nicht gleichzeitig eine überzogene Privilegierung der Grundrechtsausübung zu politischen Zwecken gefolgert werden[58]. Dies führte fast zwangsläufig zu einer (problematischen) „Disqualifizierung des Privaten"[59].

---

53 So *Merten*, a.a.O., S. 113.

54 *Scholz*, Koalitionsfreiheit, S. 42.

55 *Hesse*, Verfassungsrecht, S. 116.

56 *Scholz*, Die Koalitionsfreiheit, S. 42, *Böttcher*, Die politische Treuepflicht, S. 43, *Pieroth / Schlink*, Grundrechte, Rdnr. 635, *Hesse*, Grundzüge des Verfassungsrechts, S. 123, *Merten*, a.a.O., S. 106 m.w.N.

57 *Bleckmann*, Grundrechte, S. 684.

58 *Kloepfer*, Versammlungsfreiheit, Rdnr. 9.

59 *Hans H. Klein*, Der Staat 10 (1971), 145 ff., 163; vgl. auch *Lerche*, FS f. Gebhard Müller, 1970, S. 197 ff., 213.

c) Ausgestaltung der negativen Meinungsäußerungsfreiheit

aa) Voraussetzungen

Aus der Einbeziehung der negativen Komponente in die Grundrechte lassen sich für die Meinungsäußerungsfreiheit mehrere Schlüsse ziehen: zum einen ist damit gewährleistet, daß Art. 5 Abs. 1 S. 1 GG den einzelnen davor schützt, gezwungen zu sein, überhaupt eine Meinung zu haben und diese zu äußern. Die Enthaltsamkeit in der Meinungsäußerung ist das „gute Recht" des Grundrechtsträgers[60]. In diesem Aspekt zeigt sich deutlich, daß die sogenannte „negative Meinungsäußerungsfreiheit" insoweit geradezu konstituierend für die „positive" ist. Wenn es dem Bürger nicht freisteht, ob er eine Meinung kundtut, ist die Freiheit dies zu tun, nicht viel wert. Die Freiheit zur Meinungsäußerung würde so sehr schnell zur Heuchel-Freiheit.

Aus der negativen Meinungsäußerungsfreiheit folgt, daß es dem Belieben des Grundrechtsträgers obliegt, ob er seine eigene Meinung kundgeben möchte (einfache negative Meinungsäußerungsfreiheit). Art. 5 Abs. 1 S. 1 GG gewährt die Freiheit, eine Meinung nicht zu haben oder diese nicht zu äußern[61]. Wie glaubhaft eine erzwungen geäußerte — vermeintlich eigene — Meinung ist, wie groß ihr Wert für eine von staatlicher Repression unbeeinträchtigte Meinungsbildung ist, hat die deutsche Geschichte eindrucksvoll bewiesen. Die Schweigefreiheit rundet den Freiheitsbereich des Art. 5 Abs. 1 S. 1 GG in unersetzlicher Weise ab.

bb) Verpflichtung zur Fremdmeinungsäußerung als Eigenmeinungsäußerung

Die nächste Variante der negativen Meinungsäußerungsfreiheit ist zunächst ein denklogischer Schluß aus der vorigen. Wenn der Staat den Bürger nicht nötigen darf, seine (des Bürgers) eigene Meinung zu offenbaren, so ist es erst recht ausgeschlossen, ihm die Verkündung einer fremden — möglicherweise einer der seinen zuwiderlaufenden — Auffassung staatlicherseits aufzuoktroyieren.

Der Grundrechtsverpflichtete darf den einzelnen nicht dazu zwingen, eine Meinung zu äußern, die erkanntermaßen nicht seine eigene ist. Dies gilt uneingeschränkt, wenn dem so Gezwungenen die geäußerte Meinung vom Empfänger auch zugerechnet wird oder werden kann, der einzelne quasi eine fremde (staatliche) Meinung als eigene „verkaufen" muß. Niemand darf gezwungen werden, sich zu einer Meinung zu bekennen, die man nicht für richtig hält (qualifizierte negative Meinungsäußerungsfreiheit).

---

60 *Merten*, a.a.O., S. 116.

61 *Schmidt-Jortzig*, Meinungs- und Informationsfreiheit, Rdnr. 27.

Dieses Ergebnis bedarf an sich keiner weiteren Erläuterung, wenn man sich die möglichen Beispiele solcher Maßnahmen ausmalt, die von erzwungener Gutheißung der staatlichen Politik bis zur — aus einigen diktatorischen politischen Systemen wohlbekannten — Selbstbezichtigung unter Zwang reichen! Ein derartiger Zwang gehört zu den schärfsten Eingriffen, die der Staat im Bereich der Kommunikation vornehmen kann. Auf diese Weise wird die Möglichkeit geschaffen, den Bürger zur Selbstverleugnung zu zwingen und so seine Persönlichkeit zu zerbrechen. Wenn der Bürger seine eigene Meinung nicht preiszugeben braucht, so ist es dem Staat erst recht verwehrt, ihn zu zwingen, eine fremde Meinung als eigene auszugeben. Ein solcher Zwang hat den Geruch des Totalitären. Durch ihn wird erkennbar in den Menschenwürdegehalt des Art. 5 Abs. 1 S. 1 GG eingegriffen.

Dies bedeutet, daß jedenfalls die nach Richtlinie und Entwurf als Regelmöglichkeit vorgesehene (aber nicht zwingend vorgeschriebene) Verpflichtung zur Verwendung der o.g. Warnhinweise ohne Urheberangabe[62] (z. B.: „Der Bundesgesundheitsminister:“) in das Grundrecht der negativen Meinungsäußerungsfreiheit der Hersteller von Tabakerzeugnissen intensiv eingreift und zudem mangels Rechtfertigung auch in verfassungswidriger Weise verletzt.

Sofern die Auffassung der Rezipienten, die so geäußerte Meinung rühre vom Urheber der Werbung (respektive des Produktes) her, auch durch den o.g. Urheberhinweis nicht beseitigt wird (was einer empirischen, nicht aber rechtlichen Klärung bedürfte), entspricht auch die so gewählte Formulierung nicht den Anforderungen der Verfassung.

cc) Verpflichtung zur Fremdmeinungsäußerung

Problematisch ist allein, ob auch dann der Schutzbereich des Art. 5 Abs. 1 S. 1 GG unter dem Gesichtspunkt der negativen Meinungsäußerungsfreiheit betroffen sein kann, wenn dem Empfänger der Meinungsäußerung von vorneherein ersichtlich ist, daß die so transportierte Meinung nicht von dem Äußerer herrührt.

In diesem Fall ist nicht die originäre Meinungsäußerungsfreiheit eingeschränkt. Vielmehr wird der einzelne dazu gezwungen, eine fremde (staatliche) Meinung durch Verbreitung zu fördern und zu unterstützen. Der Bürger wird so zum Meinungstransport, zum unentgeltlichen Zur-Verfügung-Stellen von Informationsflächen auf seinen Produkten und Werbeflächen verpflichtet.

Diese Verpflichtung zur Bereitstellung von Kommunikationsflächen und -möglichkeiten für erkennbar fremde Meinungen hat zunächst eine (auch) kommerzielle Komponente. Diese wird bei einer ökonomischen Deutung des Vorgangs erkennbar. Es geht ja im Effekt auch um die kostenlose Inanspruchnahme

---

62 Vgl. Abl. Nr. L 359/2 v. 8.12.1989, ferner oben S. 11.

von Kommunikationsflächen auf Packungen bzw. Anzeigen- und Werbeflächen sowie von Anzeigengestaltungsressourcen. Gewissermaßen eignet sich der Staat insoweit geldwerte Kommunikationsressourcen an. Hinzu kommt ein allein belastender kommerzieller Effekt für den Tabakwarenhersteller, da er gezwungen werden soll, eine den Umsatz seiner Produkte potentiell schädigende Information bzw. Meinung aufzudrucken. Letztlich laufen die durch die Umsetzung der Richtlinie zu schaffenden Kundgabepflichten etc. auf die Pflicht hinaus, auf die Ware eine Negativ-Reklame folgenden Inhalts zu drucken: Kauft diese Ware nicht, weil ...! Auf diese Aspekte wird bei der Prüfung von Art. 12, 14 GG zurückzukommen sein[63].

Dabei darf freilich nicht übersehen werden, daß der Transport erkennbar fremder Meinungen neben dem kommerziellen Gehalt auch einen kommunikationsgrundrechtlichen Aspekt hat. Dies folgt schon daraus, daß auch die Meinungsverbreitung unter Art. 5 GG fällt. Zwar können derartige Fremdmeinungen nicht ohne weiteres dem Transporteur zugerechnet werden (wie z. B. im Verhältnis zwischen einer Zeitung und etwaigen Anzeigenkunden). Immerhin kann aber gleichwohl auf einen gewissen Minimalkonsens geschlossen werden, bei dessen Fehlen eine Zeitung etwa den Abdruck einer Anzeige ablehnen darf (z. B. Wahlanzeigen extremistischer Parteien oder gar des — mit den hier zu beurteilenden Hinweisen vergleichbaren — Aufrufs, diese Zeitung nicht mehr zu kaufen). Art. 5 GG schützt auch vor Kommunikationsstörungen durch die Pflicht zur Verbreitung von Fremdmeinungen.

d) Formen des geschützten Handelns und Unterlassens

Im Bereich der negativen Meinungsäußerungsfreiheit liegt die Grenzziehung des Schutzbereiches grundsätzlich nicht anders als bei der positiven Komponente des Art. 5 Abs. 1 S. 1 GG. Dies bedeutet keine grenzenlose Umkehrbarkeit, insbesondere nicht, daß im Sinne einer „sklavischen" Begriffsumkehrung jeder positiven Definition das entsprechende negative Kriterium gegenübergestellt werden müßte oder dürfte. Als Ausgangspunkt muß jedoch die Umdeutung der oben dargestellten Situation herausgearbeitet werden. In diesem Fall wäre zu fragen, ob Art. 5 Abs. 1 S. 1 GG auch die Freiheit gewährt, eine fremde Meinung zu verbreiten, die der Verbreiter sich nicht zueigen gemacht hat.

Dies wäre anzunehmen, wenn das Begriffspaar „Äußern" und „Verbreiten" in Art. 5 Abs. 1 S. 1 GG dergestalt zu verstehen wäre, daß „Äußern" die originäre Form ist, bei der als Konsequenz einer innerlichen Meinungsbildung das Produkt durch einen Akt der Veräußerlichung kundgegeben wird, dagegen „Verbreiten" i. S. d. Art. 5 Abs. 1 S. 1 GG zumindest auch die Distribution einer erkennbar

---

[63] Vgl. unten S. 45 ff.

fremden Meinung beinhaltet[64]. Schützt das Grundrecht der Meinungsäußerungsfreiheit also auch die Verbreitung einer erkennbar fremden, vom Verbreiter nicht übernommenen Meinung?

Traditionell wird der Modalität des „Verbreitens" primär eine andere Aussage beigemessen. Danach kommt der Unterscheidung „Äußern" und „Verbreiten" keine besondere praktische Bedeutung zu[65]. Sie solle zunächst klarstellen, daß nicht nur die private Aussage geschützt ist, sondern auch, daß eine Meinung einem breiteren Publikum zugänglich gemacht wird[66]. Insoweit wird die ausdrückliche Einbeziehung der Modalität des „Verbreitens" — im Sinne eines Stadiums der Meinungskundgabe — als Hinweis darauf gedeutet, daß auch die Freiheit besteht, größtmögliche Wirkung anzustreben[67]. Auch wird hieraus die Betonung entnommen, daß der Schutz kommunikativer Entfaltung sich nicht auf die „einseitige Erzeugung physisch wahrnehmbarer Signale"[68] begrenzt, sondern auch die Kontaktaufnahme mit einer unbestimmten Anzahl von Meinungsempfängern umfaßt[69].

Zum Teil wird in der jüngeren Literatur aber auch die Frage aufgeworfen, ob Art. 5 Abs. 1 S. 1 GG auch die Verbreitung einer fremden Meinung schützt[70]. Der Wortlaut des Art. 5 Abs. 1 S. 1 GG ist insoweit freilich nicht zwingend[71]. Als Argument dafür, daß auch die Verbreitung einer fremden Meinung geschützt ist, werden bislang zwei Aspekte angeführt. Zum einen liege es angesichts der Ausrichtung des Art. 5 Abs. 1 S. 1 GG auf eine möglichst wirksame Meinungsverbreitung nahe, auch ihre Weiterverbreitung über den unmittelbaren Adressaten hinaus als geschützt zu sehen. Sodann sei auch in der nur konkludent wertenden Meinungswiedergabe eines Dritten ein geschützter eigener Meinungsbeitrag zu sehen[72]. Tatsächlich wird dem Verbreiter die transportierte Meinung regelmäßig wenigstens insoweit zugerechnet, als daß er die Meinung für verbreitungswürdig hält. Der Eindruck entsteht, daß derjenige, der eine fremde Meinung verbreitet, dieser nicht ganz fern steht.

Wichtig erscheint im übrigen ein anderer Umstand. Wenn nur die Verbreitung der eigenen, nicht aber einer fremden Meinung geschützt sein soll, so müßte der Betroffene im Zweifelsfall bekennen, daß die verbreitete Meinung seine eigene sei. Würde er dies nicht, so müßte ihm der Schutz des Art. 5 Abs. 1 S. 1 GG für die konkrete Verbreitungshandlung verwehrt werden. Gerade davor, dem

---

64 Vgl. *v. Münch*, Art. 5, Rdnr. 11.

65 Vgl. *Degenhart*, a.a.O., Art. 5 Abs. 1 u. 2, Rdnr. 160.

66 *Pieroth / Schlink*, Grundrechte, Rdnr. 632.

67 *Degenhart*, a.a.O.

68 Vgl. *Hoffmann-Riem*, a.a.O., Rdnr. 24.

69 Vgl. *Ridder*, a.a.O., S. 274.

70 Z.B. bei *v. Münch*, a.a.O., Rdnr. 11, *Degenhart*, a.a.O., Rdnr. 161, *Hoffmann-Riem*, a.a.O., Rdnr. 24.

71 „seine Meinung", dies merkt auch *Degenhart*, a.a.O., an.

72 *Degenhart*, a.a.O., Rdnr. 161.

Staat gegenüber gezwungen zu sein, seine persönliche Meinung zu bekennen, schützt aber Art. 5 Abs. 1 S. 1 GG in seiner Komponente der einfachen negativen Meinungsäußerungsfreiheit[73].

Die höchstrichterliche Rechtsprechung hat, soweit ersichtlich, erst in einem Fall zu der Frage Stellung genommen, ob auch die Verbreitung einer fremden Meinung durch Art. 5 Abs. 1 S. 1 GG geschützt ist[74]. Das BAG kam für den Fall, daß ein gekündigter Arbeitnehmer sich nicht mit dem Inhalt einer von ihm verteilten Zeitung (der DKP) identifiziere, zu dem Ergebnis, daß sein „Grundrecht aus Art. 5 Abs. 1 nicht berührt" sei. Danach äußere keine Meinung, wer zum Inhalt der von ihm verteilten Zeitung keine Meinung habe[75]. In diesem Fall erübrige sich eine Nachprüfung der Wirksamkeit im Hinblick auf Art. 5 GG[76]. Die (widersinnige) Konsequenz aus diesem Urteil müßte lauten, daß dem Betroffenen nur dann der Schutz des Art. 5 Abs. 1 S. 1 GG zuteil würde, wenn er sich vor der staatlichen Gewalt zu seiner Meinung bekennt! Gerade dies war aber angesichts der Erfahrungen aus der Zeit der national- sozialistischen Gewaltherrschaft vom Grundgesetzgeber keinesfalls gewollt. Auch das BAG selbst schien von seiner Argumentation nicht völlig überzeugt zu sein, da es für den Fall, daß „auch bei einem solchen Sachverhalt ... das Recht der freien Meinungsäußerung im Spiel sein (sollte)", eine zulässige Einschränkung nach Art. 5 Abs. 2 GG annahm[77]. Bezüglich der ersten Annahme ist das Urteil — jedenfalls in dieser Allgemeinheit — unzutreffend[78]. Sicher ist auch ein völlig „meinungsneutrales" Verbreiten fremder Information denkbar. Der Zeitungsjunge, der eine Tageszeitung in Briefkästen deponiert, fühlt sich nicht als Verbreiter einer bestimmten Meinung und wird diese Handlung nicht primär unter Art. 5 Abs. 1 S. 1 GG subsumieren. Dies ist aber auch ersichtlich ein anderer Fall, denn die Intention der Verbreitungshandlung liegt nicht in der Verbreitung einer Meinung, sei es der eigenen oder einer fremden. Die zweite Aussage, nämlich ob der Eingriff von der Schrankenregelung des Art. 5 Abs. 2 GG gedeckt ist, dürfte regelmäßig eine Frage des Einzelfalls sein.

Der Schutzbereich des Art. 5 Abs. 1 S. 1 GG umfaßt folglich auch das Verbreiten einer fremden Meinung. Damit ist zu konstatieren, daß im Grundsatz die negative Meinungsäußerungsfreiheit des Art. 5 Abs. 1 S. 1 GG den Grundrechtsträger auch davor schützt, gegen seinen Willen zur Distribution einer fremden Meinung „benutzt" bzw. herangezogen zu werden (negative Meinungsverbreitungsfreiheit).

Auch hier vermag ein Beispiel des Pressevertriebes das Ergebnis zu illustrieren. Würde ein Pressegrossist gezwungen, eine Zeitung zu vertreiben, deren Tenor seiner politischen Überzeugung diametral zuwiderläuft, so verstieße dies (auch) gegen sein Grundrecht aus Art. 5 Abs. 1 S. 1 GG, obschon im Einzelfall sehr wohl erkennbar wäre, daß die so verbreitete Meinung nicht die des „Verbreiters" ist.

---

73 Vgl. oben S. 27.

74 BAG JZ 1973, 375 (376 f.).

75 A.a.O., S. 376.

76 A.a.O., S. 377.

77 A.a.O.

78 So auch *Hoffmann-Riem*, a.a.O., Rdnr. 24.

In diesem Zusammenhang kann an die Definition des BVerfG der Meinungsäußerungsfreiheit erinnert werden, die gerade auch auf die „geistige Wirkung auf die Umwelt“[79] abstellt. Soll die Entscheidung eines Herausgebers oder Verlegers, einen politischen Beitrag, der nicht vollinhaltlich seiner Meinung entspricht, gleichwohl zu publizieren, nicht dieser geistigen Wirkung auf die Umwelt zuzuordnen sein? Das gleiche gilt dann aber erst recht für die Entscheidung, dies nicht zu tun[80]. Durchaus vergleichbar ist hier der vorliegende Fall der durch die EG-Richtlinienentwürfe vorgesehenen Warnhinweise in der Werbung und bei der Etikettierung. Auch hier wird — auch ohne eindeutige Zuordnung der Meinung zum Verbreiter — die geistige Einwirkung auf die Umwelt erzielt.

e) Zum Gegendarstellungsrecht als Eingriff in die Meinungsfreiheit

Dieser Aspekt ist nur scheinbar bisher wenig erkannt worden. Im Presserecht[81] besteht ein Gegendarstellungsanspruch desjenigen, der durch eine in der Presse mitgeteilte Tatsachenbehauptung betroffen ist. Der somit konstituierte Abdruck- und Veröffentlichungszwang schränkt die Pressefreiheit nach Art. 5 Abs. 1 S. 2 GG ein[82].

Daß dabei der Betroffene nur eigene Tatsachenbehauptungen gegen die des Presseorgans stellen darf, ändert nichts daran, daß dieser Komplex auch eine Frage der Meinungsäußerungsfreiheit und nicht nur einer isoliert betrachteten Pressefreiheit ist[83]. In aller Regel kann eine Person, ein Unternehmen oder eine andere Stelle durch eine Tatsachenmitteilung nur dann betroffen sein, wenn die Tatsachenäußerungen als werturteilsgleich oder zumindest meinungsrelevant[84] anzusehen sind und somit auch dem Schutzbereich des Art. 5 Abs. 1 S. 1 GG unterfallen[85].

Soweit das Gegendarstellungsrecht als Einschränkung der Pressefreiheit des Art. 5 Abs. 1 S. 2 GG besteht, muß es die Anforderungen an eine Schrankenregelung nach Art. 5 Abs. 2 GG erfüllen[86]. Diese Rechtfertigung erhält das Gegendarstellungsrecht jedoch aus zwei Gründen. Zum einen stellt es eine Konkretisierung der — richtig verstanden, auch auf meinungsrelevante Tatsachen bezogenen — Meinungsäußerungsfreiheit des Betroffenen dar[87], die im Wege der Drittwirkung

---

79 E 7, 198 (210), vgl. schon *Häntzschel,* in Anschütz / Thoma, S. 655.

80 Vgl. auch *v. Mangoldt-Klein-Starck,* GG, Art. 5 Rdnr. 143.

81 Vgl. z. B. § 11 LPG Rh.-Pf.

82 *Löffler / Ricker,* Presserecht, S. 128, a. A. wohl *Wenzel,* AfP 1971, 161 f.(161).

83 Vgl. *v.Mangoldt / Klein / Starck,* GG, Art. 5, Rdnr. 12.

84 Vgl. dazu oben S. 20.

85 Der Sonderfall der Tatsachenmitteilung unter Geheimnisverrat, der hier eine denkbare Ausnahme darstellt, ist indes sicher keine Frage eines Gegendarstellungsrechts vgl. dazu *Kloepfer,* Grundrechte, S. 60.

86 Wiederum a. A. wohl *Wenzel,* AfP 1971, 161 f.(161).

Ausdruck in einem privatrechtlichen Anspruch findet[88]. Sie ist letztlich ein Ausdruck der prinzipiellen Gleichberechtigung im Kommunikationsprozeß. Vor allem findet sich aber mit dem Gegendarstellungsrecht ein Schutzinstrument für das allgemeine Persönlichkeitsrecht aus Art. 2 Abs. 1 iVm. Art. 1 Abs. 1 GG des Betroffenen[89].

Festzuhalten bleibt: das Gegendarstellungsrecht ist eine verfassungsgemäße Beschränkung der Pressefreiheit. Wenn aber, wie bereits festgestellt[90], auch die private Tatsachenmitteilung unter den genannten Voraussetzungen geschützt ist, so lassen sich erkannte Einschränkungen der Pressefreiheit auch für die individuelle Tatsachenäußerung nutzbar machen[91]. Es sind also vergleichbare Einschränkungen der negativen Meinungstransportfreiheit denkbar.

Der im Bereich der Pressefreiheit vorgefundene Befund stützt folglich das oben aufgezeigte Ergebnis und öffnet zugleich erste Ansätze zu einer denkbaren Abgrenzung zulässiger Schranken dieses Rechts, eine fremde Meinung nicht zu fördern.

Im Gegensatz zu der zuvor angeführten Variante[92] sind bei dieser Komponente des Art. 5 Abs. 1 S. 1 GG nämlich durchaus zulässige Schrankenregelungen vorstellbar. Solche Einschränkungen müßten die Anforderungen an ein „allgemeines Gesetz" i. S. d. Art. 5 Abs. 2 GG als Schranke des Art. 5 Abs. 1 GG erfüllen und dem Grundsatz der Verhältnismäßigkeit iwS. (Geeignetheit, Erforderlichkeit, Verhältnismäßigkeit i.w.S.) genügen.

2. Schranken der negativen Meinungsäußerungsfreiheit

a) Art. 5 Abs. 2 GG, Allgemeine Gesetze

Der Begriff des allgemeinen Gesetzes in Art. 5 Abs. 2 GG gehörte lange Zeit zu den umstrittensten des Grundgesetzes. Fest steht bisher, daß die Voraussetzung des allgemeinen Gesetzes nicht allein bedeutet, daß das Gesetz sich nicht auf den Einzelfall bezieht, sondern sich an jeden Adressaten in vergleichbarer Situation wendet[93]. Dies verlangt freilich bereits Art. 19 Abs. 1 S. 1 GG, und eine Tautologie ist dem Grundgesetzgeber grundsätzlich nicht zu unterstellen[94].

---

87 A.A. *Neumann-Duesberg*, NJW 1960, 2033.

88 *Löffler / Ricker*, a.a.O., S. 128.

89 BayOLG AfP 1986, 127 f. (128), ferner BGH NJW 1965, 1230, *Löffler / Ricker*, a.a.O., S. 129.

90 Oben S. 20 f.

91 Vgl. *Herzog*, a.a.O.; Rdnr. 78 f.

92 Der qualifizierten negativen Meinungsäußerungsfreiheit, vgl. oben S. 27.

93 *Bleckmann*, Grundrechte, S. 716.

94 *Weber*, in: FS Huber, 1973, S. 181 ff.; *v. Münch*, GG, Art. 5, Rdnr. 47.

Die heute vertretenen Meinungen zum Begriff des allgemeinen Gesetzes in Art. 5 Abs. 2 GG fußen auch heute noch im wesentlichen auf zwei Auffassungen aus der Zeit der Weimarer Republik[95]. Zum einen ist dies die sogenannte Sonderrechtslehre *Häntzschels,* die man auch als formale Theorie bezeichnen kann[96]. Danach liegt — für den insoweit gleichlautenden Art. 118 Abs. 1 S. 2 WRV — ein „nicht-allgemeines" Gesetz vor, wenn „eine an sich erlaubte Handlung allein wegen ihrer geistigen Zielrichtung und der dadurch hervorgerufenen schädlichen geistigen Wirkung" verboten oder beschränkt wird[97]. Dem stand das materiale Verständnis *Smends* gegenüber[98] (Abwägungslehre), demzufolge ein allgemeines Gesetz dann vorliege, wenn das durch das betreffende Gesetz geschützte gesellschaftliche Rechtsgut wichtiger ist als die Meinungsfreiheit.

Das BVerfG hat in seiner ständigen Rechtsprechung[99] Teile beider Lehren zusammengefaßt, wobei es zunächst vom Ansatz her eher an *Häntzschel* anknüpft[100], dann aber eher einen werthaften Maßstab im Sinne *Smends* anlegt. Es versteht unter einem allgemeinen Gesetz i. S. d. Art. 5 Abs. 2 GG solche Gesetze, „die nicht eine Meinung als solche verbieten, die sich nicht gegen die Äußerung der Meinung als solche richten, die vielmehr dem Schutze eines schlechthin, ohne Rücksicht auf eine bestimmte Meinung, zu schützenden Rechtsgutes dienen, dem Schutze eines Gemeinschaftswerts, der gegenüber der Betätigung der Meinungsfreiheit den Vorrang hat"[101].

Da zudem wie bei jedem Grundrechtseingriff das Übermaßverbot und insbesondere der Grundsatz der Verhältnismäßigkeit i.e.S. (Proportionalität) zu beachten ist, muß stets eine Güterabwägung erfolgen. Bisweilen muß diesem materialen Ansatz aber auch der Vorrang vor dem Sonderrechtsansatz eingeräumt werden. Bei Zugrundelegung einer streng formalen Sonderrechtstheorie könnte man etwa die Vorschrift des § 86 StGB nicht als allgemeines Gesetz i. S. d. Art. 5 Abs. 2 GG ansehen. Mit dieser Norm soll nämlich durchaus die Wirkung bestimmter Meinungen — diejenigen der verfassungswidrigen Organisationen — unterdrückt werden.

Wenn die in Richtlinie und Entwurf vorgesehenen Warnhinweise an der Sonderrechtslehre gemessen werden sollen, ergeben sich durchaus Probleme. Wird durch den festgestellten Eingriff in die negative Meinungsäußerungsfreiheit nicht gerade eine bestimmte Meinung lanciert, eine andere behindert? Wird dadurch nicht das Gebot der Meinungsneutralität allgemeiner Gesetze verletzt? Unbestrit-

---

95 *Pieroth / Schlink,* Grundrechte, Rdnr. 667 ff.

96 *Häntzschel,* in: Anschütz / Thoma, S. 651, 659 f.; eng verwandt dazu: *Rothenbücher,* VVDStRL 4 (1928), S. 6 (20), *Anschütz,* VVDStRL 4 (1928), S. 75.

97 *Häntzschel,* a.a.O., S. 659.

98 *Smend,* VVDStRL 4 (1928), S. 44 (52).

99 Seit E 7, 198 — Lüth.

100 Vgl.*Pieroth / Schlink,* Grundrechte, Rdnr. 674.

101 BVerfGE 7, 198 (209 f.).

ten dürfen allgemeine Gesetze als Eingriffe in die positive Meinungsfreiheit sich nicht gegen eine bestimmte Ansicht richten. Im Umkehrschluß ließe sich für die negative Meinungsäußerungsfreiheit das Verbot zur Äußerung einer ganz bestimmten Ansicht ableiten, wie das hier geschehen soll[102]. Allerdings zeigen sich hier möglicherweise Grenzen einer schlichten Umkehrbarkeit grundrechtlicher Schutzgehalte. Sie würde die Pflicht zu spezifischen Meinungsäußerungen von vornherein verfassungsrechtlich inhibieren.

b) materiale Aspekte

Größere Argumentationssicherheit kann in der Tat nur der Rückgriff auf das durch die Regelung zu schützende Rechtsgut bringen. Dabei kann die den Warnungen zugrundeliegende (oder vorgegebene) Motivation — die Schaffung europaeinheitlicher Kennzeichnungspflichten — unter dem Wertmaßstab des Grundgesetzes keinen, aber jedenfalls nicht den entscheidenden Aspekt darstellen.

Das eigentlich zur Abwägung stehende Schutzgut ist indes ein Gesundheitsschutz im weiteren Sinne. Ob man dabei auf den wenig konturierten Begriff der „Volksgesundheit"[103] zurückgreifen muß, mag dahingestellt bleiben. Ebenso wie im Umweltschutz[104] kann der Staat grundsätzlich auch zur Gesundheitsvorsorge öffentliche Warnungen und Empfehlungen verwenden. Dieses Schutzgut ist durchaus geeignet, bestimmte Eingriffe in die negative Meinungsäußerungsfreiheit zu rechtfertigen. Die entscheidende Frage bleibt aber, unter welchen Voraussetzungen und in welchen Grenzen derartige öffentliche Warnungen und Empfehlungen des Staates zulässig sind[105].

Jedenfalls können die Pflichten zum Meinungstransport als Beschränkung der negativen Komponente des Art. 5 Abs. 1 S. 1 GG verstanden werden. Mit den projektierten Warnhinweisen bei Werbung und Etikettierung liegt folglich ein Eingriff in das Grundrecht der Tabakwarenhersteller aus Art. 5 Abs. 1 S. 1 GG vor. Dieser müßte auch in materialer Hinsicht den Schrankenregelungen des Art. 5 Abs. 2 GG gerecht werden. Die Schrankenziehung liegt dabei grundsätzlich nicht anders als bei Eingriffen in die positive Meinungsäußerungsfreiheit.

Die Parallelität zeigt sich auch bei den bereits bestehenden Werbebeschränkungen bei Tabakwaren[106] oder Arzneimitteln[107]. Nach einer von *Lerche*[108] und

---

102 Siehe auch *Scholz*, Europäisches Gemeinschaftsrecht und innerstaatlicher Verfassungsrechtsschutz, S. 69.

103 Vgl. *Seewald*, Zum Verfassungsrecht auf Gesundheit, S. 108 ff.

104 *Kloepfer*, Umweltrecht, § 4 II.

105 Vgl dazu unten S. 39 ff.

106 Nach § 22 Abs. 2 Nr. 1 lit. a LMBG.

107 Nach § 6 ff., insbes. § 10 HWG.

108 Werbung und Verfassung, S. 76 ff.

Wacke[109] begründeten Meinung ist von der Meinungsäußerungsfreiheit des Art. 5 Abs. 1 S. 1 GG auch die Wirtschaftswerbung geschützt[110]. Die traditionelle — und lange vorherrschende — Meinung verneint dies. Werbung sei in erster Linie wirtschaftliche Betätigung, deren Ziel das kaufbereit machen des Kunden und nicht das Äußern einer Meinung sei[111]. Sie falle ausschließlich in den Schutzbereich der i.e.S. wirtschaftlichen Grundrechte, also Art. 12 und 14 GG[112]. Heute herrscht im neueren Schrifttum die gegenteilige Auffassung vor[113]. Die neuere Rechtsprechung des BVerfG[114] hat sich dieser Meinung zu Recht angeschlossen. Damit müssen diese Beschränkungen die Anforderungen an eine taugliche Schranke i. S. d. Art. 5 Abs. 2 GG erfüllen. Dabei mögen gewisse qualitative Unterschiede hinsichtlich der Einschränkbarkeit bestehen[115]. Dies ist jedoch im Rahmen der Verhältnismäßigkeit der jeweiligen Grundrechtsbeschränkung zu berücksichtigen.

Für die Werbebeschränkungen bei Arzneimitteln ist dies grundsätzlich der Fall, soweit sie einer Selbstmedikation wehren, und damit einen sinnvollen Gesundheitsschutz bewirken. Die gegenwärtigen Einschränkungen der Werbung für Tabakartikel liegen dagegen bereits an der Grenze des verfassungsrechtlich noch Hinnehmbaren[116]. Sie sind insgesamt aber wohl noch als verfassungsrechtlich zulässig anzusehen, da sie ebenfalls durch den Gesichtspunkt der Gesundheitsvorsorge gerechtfertigt sein können[117], und sich im Grundsatz durch die Beschränkungen des § 22 Abs. 2 LMBG (Jugend, Gesundheitswerbung, etc.) im Rahmen des Verhältnismäßigen bewegen.

Demgemäß kann auch eine Einschränkung der (einfachen) negativen Meinungsäußerungsfreiheit grundsätzlich an den Schutz der Gesundheit der Bevölkerung anknüpfen und folglich Schranke i. S. d. Art. 5 Abs. 2 GG sein. Damit ist freilich nur die grundsätzliche Beschränkbarkeit angesprochen, nicht aber die Grenzen dieser Beschränkbarkeit.

---

109 Werbeäußerungen als Meinungsäußerungen, FS f. Schnack, 1966, S. 197

110 Neben den zuvor genannten etwa *Scholz*, DB Beil.10/79, S. 15; *Bleckmann*, Grundrechte, S. 674 f.; *Leisner*, UFITA 37 (1962), S. 146, *ders.*, Werbefernsehen und öffentliches Recht, 1967, S. 91 f., a.A. etwa noch BHGSt 5, 12 (22); BVerwG NJW 54, 1133 (1134); *Seubert*, BB 1960, 965 (966), *Scheuner*, VVDStRL 22, 65.

111 BGHSt 8, 360 (379); BVerwGE 2, 172 (178); *Spengler*, WRP 1965, 121 (123); weitere Nachweise bei *Eichmann* GRUR 1964, 57 (60).

112 Vgl. etwa noch BHGSt 5, 12 (22); BVerwG NJW 54, 1133 (1134); *Seubert*, BB 1960, 965 (966), *Scheuner*, VVDStRL 22, 65.

113 *Degenhart*, in: Bonner Kommentar z. GG, Art. 5, Rdnr. 154; *Jarass*, NJW 1982, 1834; *Braun*, WRP 1982, 510 ff.; *Drettmann*, Wirtschaftswerbung und Meinungsfreiheit, 1984; *Friauf / Höfling*, AfP 1985, 249 ff.

114 E 71, 162 (175).

115 Ebda.

116 Dazu *Weides* , WRP 1977, 605 ff.; vgl. auch *Forstmann* , WRP 1977, 461 ff.

117 *Scholz* , DB Beil. 10/79, S. 15.

c) Wechselwirkungstheorie, staatliche Einflußnahme auf den Kommunikationsprozeß

Bei der Festlegung der Grenzen der Beschränkbarkeit ist nach der sog. Wechselwirkungstheorie wegen der vom BVerfG betonten geradezu konstituierenden Wirkung der Meinungsäußerungsfreiheit für eine freiheitliche Demokratie [118] das den Art. 5 Abs. 1 S. 1 GG beschränkende Gesetz seinerseits im Lichte dieses Grundrechts zu sehen [119]. In dieser Wechselwirkung zwischen Grundrecht, Schranke und deren Begrenzung (Schranken-Schranke) muß hier auch und vor allem der objektivrechtliche Gehalt der Kommunikationsgrundrechte des Art. 5 GG beachtet werden.

Das BVerfG [120] führt hierzu aus: „Der Grundgesetzgeber hat sich, indem er die freiheitliche demokratische Grundordnung geschaffen hat, für einen freien und offenen Prozeß der Meinungs- und Willensbildung des Volkes entschieden". Dabei garantiert Art. 5 GG auch die freie Bildung der öffentlichen Meinung [121].

Unter dieser Freiheit ist im allgemeinen zwar „Staatsfreiheit" [122], also grundsätzlich Abwesenheit von staatlicher Beeinflussung, zu verstehen. Freie, umfassende und wahrheitsgemäße Meinungsbildung lebt nach Auffassung des BVerfG [123] davon, daß den an diesem Prozeß Beteiligten nicht Informationen vorenthalten werden und daß Meinungen sich der Auseinandersetzung mit anderen Meinungen zu stellen haben, in der sie sich behaupten oder korrigiert werden müssen. Verbote von Beiträgen zur geistigen Auseinandersetzung haben Meinungsfreiheit danach niemals sichern, geschweige denn fördern können. Nichts anderes gilt freilich prinzipiell auch für den umgekehrten, negativen Fall des Kommunikationsgebotes; vor allem, wenn diese von Verboten (etwa Werbeverboten) flankiert werden.

Dies bedeutet aber nicht, daß der Staat überhaupt nicht auch auf die öffentliche Meinung einwirken dürfte. Die wohldosierte, wahrheitsgemäße Beteiligung des Staates am öffentlichen Meinungsbildungsprozeß muß keine Beeinträchtigung der Demokratie sein, sondern kann auch ihre Bereicherung darstellen. Ein Ausschluß des Staates aus dem Prozeß öffentlicher Meinungsbildung würde eine flexible Handlungsfähigkeit der staatlichen Organe verhindern und sie unnötigerweise auf streng formalistische Maßnahmen festlegen. Sie würde auch spezifisch demokratische Führungsformen der Regierung verhindern.

Es ist deshalb grundsätzlich davon auszugehen, daß der Staat sehr wohl auch Teilnehmer der öffentlichen Meinungsbildung sein kann. Es ist dies der Bereich,

---

118 BVerfGE 5, 85 (134 f., 205); 7, 198 (208); 12, 113 (125).

119 BVerfGE 7, 198 (208 f.).

120 BVerfGE 20, 56 (97) — Parteienfinanzierung.

121 BVerfGE 8, 104 (112).

122 BVerfGE 20, 56 (98).

123 BVerfGE 74, 297 (332).

der als „Öffentlichkeitsarbeit der Regierung", „Informationspolitik", als „Meinungspflege" oder schlicht als staatliche Propaganda [124] bezeichnet werden kann. Staatliche Propaganda — in vernünftiger Form — ist durchaus verfassungsrechtlich legitimiert [125]. Den Unterschied zwischen totalitärer und demokratischer Propaganda wird man darin sehen können, daß die eine Meinungsgegensätze nicht duldet, während die andere die staatliche Information neben die Öffentlichkeitswirkung der verschiedenen Interessengruppen einer pluralistischen Gesellschaft stellt [126]. Die Intensität der Einwirkung auf den Prozeß der öffentlichen Kommunikation, zu der ein staatliches Organ befugt ist, hängt dabei von mehreren Faktoren ab.

Nach der Rechtsprechung des BVerfG ist die Öffentlichkeitsarbeit von Regierung und gesetzgebenden Körperschaften unbedenklich, soweit sie — bezogen auf ihre Organtätigkeit — der Öffentlichkeit ihre Politik, ihre Maßnahmen und Vorhaben sowie die künftig zu lösenden Fragen darlegen und erläutern [127]. Diese Aussage muß indes im Kontext der konkreten verfassungsgerichtlichen Entscheidung gesehen werden, wo es um das Verhältnis zwischen politischen Mehrheiten, den Parteien und der öffentlichen Willensbildung ging. Wenn daher diese Aussage nicht ohne weiteres generell auf die allgemeine Bewertung von staatlicher Information zum Zweck der Verhaltenssteuerung im Bereich der Umwelt- oder Gesundheitsvorsorge übertragbar ist, so läßt sich eine spezifische Schlußfolgerung gleichwohl daraus ziehen. Mit dem Grundsatz der Staatsfreiheit der öffentlichen Meinungsbildung läßt sich staatliche Propaganda nur vereinbaren, wenn sie verfassungsrechtlich legitimiert ist. Weil eine „Chancengleichheit" der Meinungen häufig gefährdet ist, wenn ein staatliches Organ an der Meinungsbildung teilnimmt, darf sich dieses nicht aller Mittel des Meinungskampfes bedienen, die der Privatperson durchaus zustehen können.

Daraus folgt, daß der Staat (bzw. dessen Organe) bei seiner durch verfassungslegitimen Zwecke gerechtfertigten Einwirkung auf die öffentliche Meinung nur eng begrenzt ist, sofern es sich um einen Kernbereich der politischen Meinungs- und Willensbildung, den staatshervorbringenden Bereich, handelt. Dies um so mehr, als die staatliche Meinungsbeeinflussung letztlich zu einem demokratischen Legitimationskollaps führen kann. Im übrigen dürfen staatliche Organe sogar suggestiv wirken [128]. Ebenso wie Privatpersonen sind sie nicht auf eine bloße

124 Ein in den Kommunikationswissenschaften durchaus gängiger Begriff, der sein negatives Gepräge durch die Verwendung in der totalitären Staatspraxis, etwa im Nationalsozialismus, erlangt hat. Die Bezeichnung ist dabei als solche völlig wertneutral, vgl. *Lerche,* Werbung, S. 11 f., *Maletzke,* S. 43.

125 BVerfGE 20, 56 (98), vgl. auch *Wohland,* Informationsfreiheit, S. 76.

126 *Maletzke,* S. 43.

127 BVerfGE 20, 56 (98).

128 Man denke z. B. an die aktuelle AIDS-Aufklärungskampagne, deren Sendespots sicher in hohem Maße suggestiv wirken. Da sie aber nicht in Grundrechte irgendeines Betroffenen eingreifen, ist diese Wirkung zulässig.

Rationalität[129] festgelegt. Die Gewährleistung eines freien Prozesses der öffentlichen Meinungsbildung verbietet es aber, daß der Staat mit seiner überragenden Meinungsmacht durch unzutreffende Aussagen auf die Meinungsbildung der Bevölkerung einwirkt. Ebenso, wie die Verbreitung unwahrer Informationen durch die Verwaltung unzulässig ist[130], gilt dies auch für den Gesetz- oder Verordnungsgeber.

Für diese absolute Grenze kommt es prinzipiell auch nicht auf ein Verschulden im Sinne der Erkennbarkeit der Unwahrheit an[131]. Die Formulierung einer staatlichen Warnung ist so zu fassen, daß der Inhalt nachweisbar zutreffend ist. Ist von einer angegebenen Gefahr etwa nicht bekannt, ob und mit welcher Wahrscheinlichkeit sie besteht, so darf die Warnung im grundrechtsrelevanten Bereich auch nur den Hinweis auf die Möglichkeit des Schadenseintritts enthalten. Dabei haben sich staatliche Organe grundsätzlich immer dann der Stilmittel der Polemik oder Übertreibung zu enthalten, wenn durch die Warnung Grundrechtspositionen betroffen sind[132].

d) Rechtsstaatliche Grenzen

Schließlich werden den staatlichen Warnungen durch das Rechtsstaatsprinzip (und hier insbesondere dem Grundsatz der Verhältnismäßigkeit[133]) Grenzen gesetzt. Dieses — auch als Übermaßverbot bezeichnete[134] — Prinzip ist für jedes staatliche Handeln als übergreifende Leitregel zwingend[135]. Auch die legislative und sonstige rechtsetzende staatliche Tätigkeit ist daran gebunden. Es enthält im wesentlichen drei Elemente, die staatliches Handeln beachten muß, um dem Verhältnismäßigkeitsprinzip gerecht zu werden. Das Postulat der Geeignetheit der Maßnahme verlangt, daß das gewählte Mittel objektiv dazu geeignet ist, den angestrebten Zweck zu erreichen[136]. Hier ist die Zielkonformität und Zwecktauglichkeit der Maßnahme zu prüfen[137]. Weiterhin ist die (Geringst-)Erforderlichkeit des Mittels zu berücksichtigen. Diese ist dann gegeben, wenn die Maßnahme

[129] Vgl. *Kloepfer*, Grundrechte, S. 69.

[130] *Ossenbühl*, Umweltpflege, S. 60.

[131] Welche Konsequenzen es hat, wenn ein solches gleichwohl vorliegt, kann dabei hier nicht beantwortet werden. Für unwahre Warnung durch die Verwaltung bedeutet es die Verpflichtung zum Schadensersatz nach Art. 34 GG i.V. m. § 839 BGB.

[132] Vgl. auch *Ossenbühl*, Umweltpflege, S. 75 f.

[133] BVerfGE 19, 342 (348 f.); 23, 127 (133); 35, 382 (400); 38, 348 (368); 39, 156 (165); 43, 101 (106); 51, 324 (346); 52, 1 (29); 53, 135 (143 f.); 54, 301 (313); 55, 249 (258); 56, 298 (315); 57, 9 (28); 57, 250 (270); 58, 283 (290).

[134] *Stern*, Staatsrecht, § 20 IV 7., S. 861 ff

[135] *Lerche* , Übermaß, S. 61 ff. Auch, wenn man es mit einem Teil der Literatur unmittelbar aus den Grundrechten folgert. Vgl. etwa *Schnapp*, in: *v. Münch*, a.a.O., Art. 20, Rdnr. 27; weitere Nachweise bei *Stern*, a.a.O., Fn. 609.

[136] Vgl. BVerfGE 57, 139 (159).

[137] *Stern*, a.a.O., S. 866.

beim Betroffenen möglichst wenig Nachteile verursacht, d.h. kein weniger belastendes, aber im wesentlichen gleich wirksames und geeignetes Mittel existiert[138]. Schließlich muß sich die konkrete staatliche Maßnahme am Gebot der Proportionalität orientieren.

Die Geeignetheit der Maßnahme, nämlich der Wirksamkeit der Warnhinweise, ist in erster Linie eine tatsächliche Frage, die hier nicht ohne weiteres beurteilt werden kann. Ob etwa durch die Aufdrucke im Sinne der EG-Tabakrichtlinienentwürfe das Rauchverhalten der Bevölkerung wirklich nachhaltig beeinflußt werden kann, ist nur bedingt der theoretischen Prognose zugänglich. Allerdings ist insoweit dem Gesetzgeber ein erheblicher Prognosespielraum (gesetzgeberische Einschätzungsprärogative) zuzubilligen[139], der in weiten Bereichen der (verfassungs-) richterlichen Überprüfung entzogen ist. Allein evident untaugliche Mittel sind so nach h. M. nicht als „geeignet" i. S. d. Verhältnismäßigkeitsgrundsatzes anzusehen[140]. Diese Schwelle ist möglicherweise nicht erreicht. Bei isolierter Betrachtung des Gebots der Geeignetheit des Mittels, welches allein die potentielle Tauglichkeit normiert[141], ist eine Verletzung des Verhältnismäßigkeitsprinzips noch nicht von vornherein anzunehmen. Das gleiche gilt angesichts des auch insoweit bestehenden gesetzgeberischen Handlungs- und Entscheidungsspielraums[142] prinzipiell für das Kriterium der Erforderlichkeit, obwohl die Frage erlaubt sein muß, ob es überhaupt „notwendig" sein kann, mit unwahren Aussagen (seien sie auch noch so lauter motiviert) auf die öffentliche Meinung einzuwirken.

Spätestens bei der Frage nach der Verhältnismäßigkeit i.e.S. (Proportionalität) zeigt sich aber auch bei der Prüfung der projektierten Warnhinweise an rechtsstaatlichen Maßstäben deren Verfassungswidrigkeit. Dieses Kernstück des Verhältnismäßigkeitsprinzips, welches auch als Grundsatz der Zumutbarkeit bezeichnet wird[143], gebietet eine Abwägung zwischen der Schwere des Eingriffs und dem Gewicht und der Dringlichkeit der ihn rechtfertigenden Gründe[144]. Mit der Pflicht, entgegen der eigenen Meinung die z.T. unwahren, z.T. unbeweisbaren Aussagen des Staates zu verbreiten, wird intensiver in die Meinungsfreiheit eingegriffen als dies durch die geschützten Rechtsgüter gerechtfertigt ist. Jedenfalls beim Einsatz unwahrer Informationen dürfte unter dem Aspekt der Proportionalität hier ein krasses Mißverhältnis zwischen Zweck und Mittel bestehen.

---

138 *Wendt*, AöR 104 (1979), S. 414 ff., 416 f.; Vgl. *Dechsling*, Das Verhältnismäßigkeitsgebot, S. 75 ff.

139 Vgl. *Ossenbühl*, Festgabe BVerfG, S. 458.

140 Vgl. BVerfGE 30, 292 (316); 33, 131 (181); vgl. auch *Grabitz*, AöR 98 (1973), 568 ff., 572; *Bleckmann*, Grundrechte, S. 375.

141 Vgl. *Dechsling*, Das Verhältnismäßigkeitsgebot, S. 80.

142 *Jakobs*, Der Grundsatz der Verhältnismäßigkeit, S. 66

143 Etwa *v. Münch*, a.a.O., Vorb. Art. 1-19, Rdnr. 55. Ausführlich zum Begriff und Abgrenzungsschwierigkeiten *Ossenbühl*, in: Freiheit und Verantwortung im Verfassungsstaat, 1984, S. 316 ff.

144 *Stein*, Staatsrecht, 9. Aufl., 1984, S. 52.

Im übrigen verstößt eine staatliche (Pflicht zur) Unwahrheit auch gegen das Rechtsstaatsprinzip in einer materiellen Deutung[145]: Der Rechtsstaat ist gerade auch der Wahrheit und ihrer Durchsetzung zu dienen bestimmt. Ohne Wahrheit ist materielle Gerechtigkeit[146] nicht denkbar. Dieses Gebot wird durch unwahre Warnhinweise verletzt. Der rechtsstaatliche Wert der Wahrheit wird durch die Gebote zur Weitergabe unwahrer Informationen verletzt und durch die Pflicht zur Weitergabe unbewiesener Informationen gefährdet. Es ist auf Anhieb einleuchtend, daß der totalitäre Willkürstaat sich der Unwahrheit als Stilmittel und Instrument bedient, wenn es nur der Zweck erfordert (oder zu erfordern scheint). Der demokratische Rechtsstaat achtet dagegen die eigenverantwortliche, potentiell rationale, d.h. auf Wahrheit gründende Selbstbestimmung seiner Bürger. Für ihn darf unlautere Indoktrination und unwahrhaftige Meinungsmanipulation von vornherein nicht in Betracht kommen.

Einige der „warnenden" Hinweise in den Katalogen von Richtlinie und Entwurf sind aufgrund ihrer wertenden oder appellierenden Formulierung von vornherein einem Wahrheitsbeweis nicht zugänglich (wenngleich auch bisweilen dabei Reste von Tatsachenbehauptungen erkennbar sein mögen). Hier sind etwa die folgenden Aussagen zu nennen:

— „Schützen Sie die Kinder: Lassen Sie sie nicht Ihren Tabakrauch einatmen"

— „Steigern Sie Ihr Einkommen: Geben Sie das Rauchen auf".

Dadurch, daß sich derartige Formulierungen der Kategorisierung „wahr — unwahr" weitgehend entziehen, werden sie indes nicht unbedenklich. Solchermaßen appellierende, nicht-informative Meinungskundgaben betreffen vielmehr gerade einen Bereich der Meinungsfreiheit der Hersteller, der deutliche Bezüge zum Kernbereich des Grundrechts aufweist[147].

Im Ergebnis ist festzustellen, daß eine gesetzliche Regelung des Gesundheitsschutzes, die echte Warnhinweise in der Werbung und auf Zigarettenpackungen obligatorisch macht, den staatlichen Urheber aber eindeutig erkennen läßt, dann eine grundsätzlich zulässige Schrankenregelung i. S. d. Art. 5 Abs. 2 GG enthält, wenn die Warnungen sachlich und wahrheitsgemäß sind sowie dem Übermaßverbot nicht widersprechen[148].

---

[145] „Gerechtigkeitsstaat", vgl. *Maunz / Zippelius*, Deutsches Staatsrecht, S. 87. Vgl. dazu auch *v. Münch*, Grundbegriffe, Rdnr. 187 ff.; *Weber-Fas*, NJW 1975, 1945 ff., 1946.

[146] Vgl. dazu *Kloepfer*, JZ 1979, 209 ff., 212.

[147] Diese Differenzierung hat einen bemerkenswerten Niederschlag im Gegendarstellungsrecht gefunden, wo eine Abdruckspflicht für typische Werturteile (demgemäß auch für Empfehlungen, Appelle) unbekannt ist. Vgl. oben S. 32 f.

[148] Nicht ohne weiteres ist dieses Ergebnis auf originär staatliche Äußerungen zu privaten Produkten übertragbar, die ohne Inanspruchnahme der meinungsverbreitenden Funktion des Produkts oder dessen Verpackung auskommen. Es fehlt insofern die Relevanz zur negativen Meinungsäußerungsfreiheit. Gleichwohl stellt sich auch bei diesen Formen der Verhaltenssteuerung die Frage nach einer gesetzlichen Grundlage, da Eingriffe in andere Grundrechte vorliegen können. Auch in diesem Komplex werden *unwahre*

3. Auslegung des Sinngehalts der Warnhinweise

Welche Bedeutung der jeweiligen Aussage durch die Rezipienten beigemessen wird, ist durch empirisch objektivierbare Maßstäbe zu bestimmen. Allerdings ist fraglich, auf welchen Rezipiententyp dabei abzustellen ist. Es kann dabei von vornherein nicht darauf ankommen, wie ein einschlägig vorgebildeter Betrachter mit spezifischen Vorausinformationen die Warnungen würdigt, der vielleicht berücksichtigt, daß die Formulierung als Abschreckung für Unbedarfte intendiert ist. Aber es erscheint auch fraglich, ob der an sich naheliegende Maßstab eines Durchschnittserwachsenen[149] anzulegen ist, denn dabei würde noch immer die Irreführung breiter (unterdurchschnittlich urteilsfähiger) Bevölkerungskreise in Kauf genommen.

Ein denkbares Mittel dafür, welche Bedeutung einer Aussage beigemessen wird, könnten repräsentative (am besten nach Rezipientengruppen typisierende) Meinungsumfragen sein[150]. Danach wäre eine bestimmte Information dann in einer Aussage enthalten, wenn sie ihr von einem nicht unbedeutenden Teil der Adressaten(gruppe) beigemessen wird[151].

Die solchermaßen ermittelte Kerninformation für die Adressaten(gruppen) — quasi die Essenz des Warnhinweises — muß naturwissenschaftlich zutreffend sein. Wenn also beispielweise die Aussage „Rauchen verursacht Krebs“ von einem nicht unbedeutenden Teil der Raucher oder Werbeadressaten (relevante Zielgruppe) — oder von abgrenzbaren Teilen dieser Adressatengruppen — dergestalt interpretiert würde, daß Rauchen stets Krebs verursache, so müßte diese Aussage medizinisch beweisbar (und gegebenenfalls auch vom Staat zu beweisen) sein.

Exkurs: Verfassungsrechtliche Beurteilung der Warnhinweise im Heilmittelwerberecht

Als 1976 bis 1978[152] die Veränderungen im Arzneimittelrecht eintraten, welche die heutigen Hinweispflichten im Zusammenhang mit dem Vertrieb von und der

---

Warnungen generell als rechts- bzw. verfassungswidrig angesehen. Vgl. dazu *Ossenbühl*, Umweltpflege, S. 57 f. Daraus folgt aber nicht im Umkehrschluß die Zulässigkeit jedweder wahren staatlichen Informationstätigkeit.

149 Wobei ein solchermaßen vager Begriff nicht unproblematisch ist.

150 Eine Methode, die im Recht des unlauteren Wettbewerbs etwa im Rahmen des § 3 UWG bei der Frage angewandt wird, welche Bedeutung einer Werbeaussage vom angesprochenen Verkehrskreis beigemessen wird. Wenn die Gefahr der Ergebnisverfälschung durch suggestive Fragen durch geeignete gerichtliche Kontrolle und Würdigung eleminiert wird, ergibt sich auf diesem Weg ein relativ stärker objektiviertes Bild, als bei freier richterlicher Würdigung, in die stets eigene Anschauungen und Wertungen eingebracht werden.

151 Vgl. *Baumbach / Hefermehl*, WettbewerbsR, § 3 UWG Rdnr. 23 ff., 28, 31 ff.

152 Vgl. BGBl I 1976 / 2445

Werbung für Heilmittel begründeten, waren diese lebhaft umstritten[153]. Auch unter dem Gesichtspunkt des Art. 5 Abs. 1 GG wurde Kritik geäußert[154]; dies jedoch nur in dem positiven Sinne, daß eine Einschränkung der Werbung als einer Form der freien Meinungsäußerung des Unternehmens vorliege[155]. Die Rechtsprechung[156], soweit sie sich mit diesem Problem auseinandergesetzt hat, hält die fraglichen Vorschriften[157] allerdings ebenso wie die h.L. im Schrifttum für verfassungsgemäß. Obwohl in dieser Diskussion die negative Meinungsäußerungsfreiheit nicht ins Feld geführt wurde, ist dieses Ergebnis jedenfalls im Hinblick auf Art. 5 Abs. 1 S. 1 GG zutreffend. Bezüglich der Einschränkung der positiven Meinungsäußerungsfreiheit ist mit der h.L. davon auszugehen, daß die Regelungen des HWG diese in verfassungskonformer Weise einschränken[158]. Die seinerzeit nicht diskutierte negative Meinungsäußerungsfreiheit ist dagegen entweder schon im Schutzbereich nicht tangiert (entscheidend ist hier die bereits vorgenommene Abgrenzung, welche Äußerungen rein werturteilsfreier Tatsachen vom Schutzbereich des Art. 5 Abs. 1 S. 1 GG grundsätzlich nicht umfaßt sind[159]), oder jedenfalls als deren Schranke nach den oben genannten Merkmalen zulässig.

B. Art. 10 der Europäischen Menschenrechtskonvention (EMRK)

Im Hinblick auf einen Schutz der Kommunikation kommt schließlich auch eine Beeinträchtigung des Art. 10 EMRK in Betracht. Diese Norm schützt die freie Meinungsäußerung, „die Freiheit der Meinung und die Freiheit zum Empfang und zur Mitteilung von Nachrichten oder Ideen ohne Eingriffe öffentlicher Behörden und ohne Rücksicht auf Landesgrenzen". Dabei sind die deutschen Hoheitsträger an die Gewährleistungen der EMRK nicht mit Verfassungskraft, aber (nach außen) vertraglich bzw. (nach innen) durch das Zustimmungsgesetz gebunden[160].

Bezieht man (jedenfalls meinungsrelevante) Tatsachenmitteilungen, also Nachrichten, in den Schutzbereich des Art. 5 Abs. 1 GG ein[161], so ergeben sich im Normalfall für den bundesdeutschen Grundrechtsstandard aus Art. 10 EMRK keine praktischen Konsequenzen. Die Unterschiede im Wortlaut dieser Vorschrift

---

153 Vgl z. B. *Sambuc,* WRP 1978, 105 ff. (108), *Hielscher,* Pharma-Recht 6/1979, 29 ff. (32), *Albrecht / Wronka,* GRUR 1977, 83 ff.

154 *Albrecht / Wronka,* a.a.O., S. 91.

155 *Doepner,* Heilmittelwerbegesetz, § 4 Rdnr. 18, 21.

156 Z.B. OLG Stuttgart, Urt. v. 22.2.1980 — AZ: 2 U 107/79r.

157 Vgl. oben S. 14 f.

158 Wobei hier auf Einzelheiten aller etwaigen Sonderfälle nicht eingegangen werden soll.

159 Vgl. oben S. 22.

160 *v. Mangoldt / Klein / Starck,* GG, Art. 5, Rdnr. 10.

161 Vgl. oben S. 22.

schlagen sich insoweit inhaltlich nicht nieder[162]. Insbesondere bezieht sich die Meinungsäußerungsfreiheit des Art. 10 EMRK auf alle Äußerungen ohne Anschauung ihres Inhalts. Wie in der neueren bundesrepublikanischen Lehre[163] fallen hierunter nicht nur Äußerungen politischen Inhalts, sondern auch kommerzielle Äußerungen[164]. Art. 10 EMRK erwähnt den Schutz sowohl der Meinungsäußerung, als auch des Meinungsempfanges und würdigt damit die Bipolarität des Kommunikationsprozesses[165]. Wenn man daher auch für die Gewährleistung des Art. 10 EMRK einen negativen Gehalt der Meinungsäußerungsfreiheit anerkennt[166], können die vorstehenden (und nachfolgenden) Ausführungen zu Art. 5 GG sinngemäß auch für die Anwendung des Art. 10 EMRK stehen.

Allerdings bleibt festzustellen, daß insgesamt der Schutz durch die Menschenrechtskonvention aufgrund der weiteren Schrankenbestimmungen schwächer ausgeprägt ist, als jener, den Art. 5 GG gewährt. Die EMRK läßt generell gesetzliche Einschränkungen zu, die „in einer demokratischen Gesellschaft im Interesse der nationalen Sicherheit, der territorialen Unversehrtheit oder der öffentlichen Sicherheit, der Aufrechterhaltung der Ordnung und der Verbrechensverhütung, des Schutzes der Gesundheit und der Moral, des Schutzes des guten Rufes oder der Rechte anderer, um die Verbreitung von vertraulichen Nachrichten zu verhindern oder das Ansehen und die Unparteilichkeit der Rechtsprechung zu gewährleisten, unentbehrlich sind". Besteht somit grundsätzlich ein qualifizierter Schrankenvorbehalt für den Gesundheitsschutz, so muß gleichwohl das Kriterium der Unentbehrlichkeit beachtet werden. Nach der Rechtsprechung des Europäischen Gerichtshofs für Menschenrechte bedeutet dies, daß die Ausnahmetatbestände, die einen Eingriff rechtfertigen, eng auszulegen sind[167]. Durch den gleichwohl insgesamt recht weiten Schrankenvorbehalt wird im allgemeinen der Standard der im bundesdeutschen Verfassungsrecht verankerten Meinungsfreiheit wohl nicht erreicht; ein Aspekt übrigens, der vor allzu bereitwilliger Preisgabe einer eigenen nationalen verfassungsrechtlichen Kontrolle bedacht werden sollte.

---

162 Vgl. zu diesem Problem näher *Ragaz*, Die Meinungsäußerungsfreiheit der EMRK, S. 36 ff.

163 Vgl. oben S. 35 f.

164 *Bullinger*, nach: *Nowak / Rosenmayr / Schwaighofer*, EuGRZ 1986, 232 f.; vgl. auch EGMR EuGRZ 1985, 170 ff.

165 Vgl. dazu etwa *Schorn*, Die EMRK, S. 254; *Guradze*, Die EMRK, S. 143 f.

166 Gegenteiliges wird — soweit ersichtlich — nicht vertreten, ohne Äußerung etwa *v.Dijk / v.Hoof*, Theory and Practice of the ECHR, S. 306 ff.

167 EGMR EuGRZ 1979, 390; 1985, 173.

C. Art. 12 GG

1. Personeller Schutzbereich, juristische Personen als Träger des Grundrechts der Berufsfreiheit

Nach heute ganz herrschender Meinung umfaßt der Schutz des Art. 12 GG auch juristische Personen[168]. Sie sind nach Art. 19 Abs. 3 GG diesem Schutzbereich unterstellt. Unzutreffend sind Versuche, wegen eines personalen Bezuges die Berufsfreiheit auf natürliche Personen beschränken zu wollen[169]. Das Merkmal eines „individualrechtlich-personalen" Ansatzes[170] ist in der modernen Wirtschaftsstruktur nicht monistisch zu sehen, gibt vielmehr nur einen Teilbereich der Gewährleistungen des Art. 12 GG wieder. Selbst gewerbliche Zusammenschlüsse, die nicht juristische Personen sind (wie z. B. eine OHG oder KG), können sich trotz des Wortlautes des Art. 19 Abs. 3 GG auf die Berufsfreiheit berufen[171]. Auch für das Unternehmen als solchem besteht insoweit der Schutz, eine Erwerbszwecken dienende Tätigkeit, insbesondere ein Gewerbe, zu betreiben, wie diese nach ihrer Typizität auch von natürlichen Personen wahrgenommen werden kann. Neben der „Unternehmerfreiheit" der im Unternehmen assoziierten Personen ist auch die „Unternehmensfreiheit" geschützt.

2. Funktionaler Schutz des Art. 12 GG, unternehmerische Betätigung

Das Grundrecht der Berufsfreiheit schützt sowohl die Gründung und Innehabung des Unternehmens als auch die Betätigung als Unternehmer und Unternehmen. Diese Betätigung umfaßt die aktive Teilnahme am Wettbewerb, das Anbieten und Verkaufen der eigenen Ware oder Dienstleistung. Daher wird die Berufsfreiheit als wesentlicher Bestandteil einer in verschiedenen Grundrechten verankerten Wettbewerbsfreiheit angesehen[172]. Unter Wettbewerbsfreiheit kann dabei nicht nur die relative Freiheit, also der Schutz vor Bevorzugung oder Benachteiligung einzelner Unternehmer angesehen werden. Vielmehr ist prinzipiell darunter primär die generelle Freiheit vor staatlicher Behinderung bei der wettbewerblichen Betätigung zu verstehen. Aus dieser absoluten Gewährleistung ergibt sich

---

[168] BVerfGE 21, 261 (266); 30, 292 (312); 50, 290 (363); aus der Literatur vgl. statt vieler *Breuer*, Freiheit des Berufs, Rdnr. 23, *Bleckmann*, Grundrechte, S. 887 f., *Gubelt*, in: v.Münch, GG, Art. 12 GG, Rdnr. 6, *Scholz*, M-D-H-S, Art. 12 GG, Rdnr. 98, a. A. *Rittstieg*, in: AK, Art. 12 GG, Rdnr. 167.

[169] Vgl. *Haußleiter*, DöV 1952, 496, *Sieg*, DVBl. 1950, 197, in der Tendenz wohl auch *Philipp*, Staatliche Verbraucherinformation, S. 134.

[170] BVerfGE 50, 290 (363).

[171] Vgl. *v.Mutius*, in: BK (Zweitb.), Art. 19 Abs. 3 GG, Rdnr. 39 ff. Auf die Probleme, die etwa die Gesellschaft bürgerlichen Rechts oder der nichteingetragene Verein aufwerfen, soll hier nicht eingegangen werden.

[172] Vgl. etwa *Breuer*, Freiheit des Berufs, Rdnr. 61 ff.

allerdings in Verbindung mit dem Gleichheitssatz des Art. 3 Abs. 1 GG zugleich der angesprochene relative Schutz.

Zu der Freiheit der gewerblichen Betätigung wurden im hier interessierenden Zusammenhang vom BVerwG in seinem Transparenzlistenurteil wichtige Kriterien herausgearbeitet. Danach schützt das Grundrecht der Berufsfreiheit die gewerbliche Betätigung, soweit sie auf Dauer berechnet ist und der Schaffung und Erhaltung einer Lebensgrundlage dient. Nach Auffassung des Gerichts ist Schutzgut des Art. 12 Abs. 1 GG auch die Erwerbszwecken dienende freie unternehmerische Betätigung. Bestandteil dieser unternehmerischen Betätigung ist in diesem Sinne auch das Verhalten und Agieren des Unternehmers im wirtschaftlichen Wettbewerb. Die bestehende Wirtschaftsverfassung enthält, wie das BVerwG in diesem Urteil ausführt, „als eines ihrer Grundprinzipien den grundsätzlich freien Wettbewerb des als Anbieter und Nachfrager auf dem Markt auftretenden Unternehmers. Das Verhalten des Unternehmers in diesem Wettbewerb ist Bestandteil seiner Berufsausübung und daher, soweit sich dieses Verhalten in erlaubten Formen bewegt, durch Art. 12 Abs. 1 GG, geschützt“[173].

Zwar geht die Aussage des BVerwG in diesem Urteil bezüglich einer konkreten Ausformung einer Wirtschaftsverfassung (soweit damit eine bestimmte Ausrichtung auf ein Wirtschaftsmodell angesprochen ist) sehr weit. Die Pflicht, Tabakartikel nur noch mit den geschilderten Warnhinweisen in den Verkehr zu bringen, greift indes auch ohne diese Argumentation wie jede imperative Auferlegung einer konkreten Handlungspflicht bei der Berufsausübung in dieses Grundrecht ein[174]. Art. 12 GG gewährleistet neben der Berufswahlfreiheit die Berufsausübung und damit die Gesamtheit der mit der Berufsfreiheit, ihrem Ort, ihren Inhalten, ihrem Umfang, ihrer Dauer, ihrer äußeren Erscheinungsform, ihren Verfahrensweisen und ihren Instrumenten zusammenhängenden Merkmale[175]. Berufsausübungsregelungen sind in diesem Sinne auch Regelungen über die Herstellung und den Verkauf von Waren[176].

Danach stellen sich die obligatorischen Warnhinweise auf Zigarettenpackungen als Berufsausübungsregelungen i.S.d ersten Stufe der sog. „Dreistufentheorie“ des BVerfG[177] dar, weil sie berufswahlneutral sind. Diese sind prinzipiell gerechtfertigt, soweit vernünftige Erwägungen des Gemeinwohls es zweckmäßig erscheinen lassen. Zudem muß das rechtsstaatliche Prinzip der Verhältnismäßigkeit gewahrt bleiben, also der Eingriff geeignet, erforderlich und proportional

---

173 BVerwG NJW 1985, 2774 ff., 2775 (= E 71, 183).

174 Dieses Merkmal unterscheidet Sachverhalte wie den vorliegenden von den in jüngster Zeit vermehrt diskutierten Fällen behördlicher Warnungen und Empfehlungen in Umweltfragen. Vgl. zu dem Themenkreis etwa *Ossenbühl*, Umweltpflege, *Philipp*, Staatliche Verbraucherinformationen.

175 *Tettinger*, AöR 108 (1983), S. 112.

176 BVerfGE 46, 26 (256).

177 Entwickelt in E 7, 377 — Apothekenurteil —.

(verhältnismäßig i.e.S.) sein[178]. Ohne hierbei auf Einzelheiten einzugehen, wird man davon ausgehen müssen, daß zum Zwecke des Gesundheitsschutzes als verfassungslegitimiertem Motiv, Kennzeichnungsregelungen für Tabakprodukte auch dann als grundsätzlich zulässige Berufsausübungsregelung anzusehen sind, wenn damit eine Einschränkung der gewerblichen Betätigungsfreiheit der Hersteller verbunden ist[179].

Zwei Aspekte sind im Einzelfall aber dringend zu beachten. Zum einen erscheint es schwerlich annehmbar, daß eine Pflicht zur Kennzeichnung des Produktes, die nachweislich in der konkreten Form den naturwissenschaftlichen Tatsachen nicht entspricht, eine Berufsausübungsregelung sein kann, die erforderlich und proportional i. S. d. Übermaßverbots ist. Sodann kann wiederum nur eine rechtsstaatlich nicht zu beanstandende Regelung die Berufsfreiheit in zulässiger Weise einschränken. Gerade die Rechtsstaatlichkeit — verstanden auch in einem materiellen Sinne — wird aber jedenfalls mit definitiv unwahren Hinweisen nicht gewahrt[180]. Auch auf die Bewertung als Berufsausübungsregel schlägt also ein gegebenenfalls vorhandener Makel der Unwahrheit durch.

D. Art. 14 GG

Bei der Frage, ob durch die Umsetzung der EG-Tabakrichtlinie und damit durch die Einführung der vorgesehenen Warnhinweise das Eigentumsgrundrecht der Hersteller von Tabakartikeln aus Art. 14 GG verletzt wird, ist zwischen zwei Aspekten zu differenzieren. Zum einen kommt eine Beeinträchtigung einzelner konkreter Eigentumspositionen in Betracht, zum anderen auch ein Eingriff in die wirtschaftliche Gesamtheit des Betriebes der Zigarettenhersteller. Daran wird sich auch die vorliegende Studie orientieren und sich zunächst den Einzelpositionen widmen, bevor sie sich mit den strittigen Fragen des verfassungsrechtlichen Schutzes des Gewerbebetriebes befaßt.

1. Art. 14 GG, Inanspruchnahme der Fläche

Nach den EG-Tabakrichtlinien nehmen die Warnhinweise auf den Frontseiten der Zigarettenpackungen mindestens 4 %[181], auf Werbeplakaten und -anzeigen

---

178 Vgl. dazu *Dechsling*, Das Verhältnismäßigkeitsgebot, S. 5 ff. mit zahlreichen w.N.; ferner *Pieroth / Schlink*, Grundrechte, Rdnr. 318 ff.

179 Sollte aber — was unwahrscheinlich ist — eine bestimmte Warnhinweispraxis zum völligen Abbruch des Absatzes in vernünftigen Ausmaßen führen, der Unternehmer mithin zur Aufgabe gezwungen, so könnte sich diese Maßnahme auch als Berufswahlregelung darstellen, die die erhöhten Anforderungen des BVerfG erfüllen müßte.

180 Vgl. oben S. 41.

181 Art. 4 Abs. 4 der Etikettierungsrichtlinie; der ursprüngliche Text lautete: „mindestens 2 % der Gesamtoberfläche der entsprechenden Seite der Verpackung“.

mindestens 10 % der Fläche[182], zuzüglich einem etwaigen Urheberhinweis, ein. Bis zum Verkauf nimmt die öffentliche Hand unproblematisch das private Eigentum der Hersteller und Vertreiber an der jeweiligen Packung im Umfang der beanspruchten Fläche in Anspruch. Mangels einer entsprechenden Entschädigungsregelung kann darin nur eine Inhalts- und Schrankenbestimmung i. S. d. Art. 14 Abs. 1 S. 2 GG gesehen werden. Wenngleich in concreto der Staat das Medium für seine Information „beschafft", so liegt doch keine Enteignung i. S. d. Art. 14 Abs. 3 GG vor. Das Eigentum an der jeweiligen Packung ist vielmehr bereits mit seinem Entstehen mit der Verpflichtung zur Kennzeichnung mit einem (oder mehreren) Warnhinweisen belastet[183]. Wenn derartige Inhalts- und Schrankenbestimmungen die bislang erschlossene Dispositionsbefugnis des Eigentümers verkürzen, stellen sie in Bezug auf das bestehende Eigentum einen Eingriff dar[184]. Dies auch dann, wenn sie dadurch lediglich das Eigentum für die Zukunft definieren.

Allerdings ist die staatliche Inanspruchnahme von Verpackungsfläche für Produktwarnungen im allgemeinen und für Zigarettenwarnhinweise im besonderen verfassungsrechtlich nicht prinzipiell zu beanstanden. Sie ist durch das öffentliche Interesse an Informationen über die Risiken des jeweiligen Produkts grundsätzlich gerechtfertigt, wenngleich der Verfassungsstaat sich mit dem vorgeschriebenen Schutz des Bürgers vor sich selbst zu Recht eher schwer tut[185]. Allerdings müssen sich auch Inhalts- und Schrankenbestimmungen i. S. d. Art. 14 Abs. 1 S. 2 GG dem Maßstab des Übermaßverbots als Ausfluß des Rechtsstaatsprinzips stellen[186]. Folglich darf der Staat für seine (legitimen) Zwecke den Eigentümer nicht mehr als erforderlich beschränken. „Die Einschränkung der Eigentümerbefugnisse muß zur Erreichung des angestrebten Zieles geeignet und notwendig, sie darf nicht übermäßig belastend und deshalb unzumutbar sein"[187]. Primärer Zweck der Eigentumsbeschränkung sollte hier sein, dem Konsumenten die Produktwarnung zugänglich zu machen. Legt man diesen Zweck zugrunde, ist eine Schriftgröße, die über das deutlich Les- und Erkennbare (so die bisherige Regelung[188]) hinausgeht, nicht erforderlich i. S. d. Übermaßverbots, da jenes mildere Mittel ausreicht, um den gewünschten Zweck zu erreichen. Wie etwa im Recht der Arzneimittelwerbung kann insoweit der Staat die Duldung der Inanspruchnahme der zur Warnung erforderlichen Fläche verlangen[189]. Daran ist auch die Hinweispflicht

---

[182] Nach Art. 4 Nr. 5 des Richtlinienvorschlages bzgl. der Tabakwerbung.

[183] Vgl. BVerfGE 58, 137 (150).

[184] Vgl. BVerfGE 58, 137 (147 ff.), *Bleckmann*, Grundrechte, S. 926 ff., *Pieroth / Schlink*, Grundrechte, Rdnr. 1013., *Leisner*, Eigentum, Rdnr. 80 ff.

[185] Vgl. dazu unten S. 76 ff.

[186] *Leisner*, Eigentum, Rdnr. 146.

[187] BVerfGE 21,150 (155); 52,1 (30).

[188] Vgl. oben S. 14.

[189] Zum Begriff der „Erkennbarkeit" der Pflichtangaben in der Arzneimittelwerbung vgl. die Nachweise bei *Doepner / Hoffmann*, ES HWG, sowie *Doepner*, HWG, § 4 Rdnr. 51 (auch zur „deutlich lesbaren Schrift" in § 10 AMG).

bei Arznei- und Lebensmitteln erkennbar orientiert. Erst wenn der Zweck die Unausweichlichkeit der Informationsaufnahme durch den Konsumenten ist, kann die geplante Quantität „erforderlich“ sein[190]. Dabei fällt allerdings sofort auf, daß dies wohl schwerlich ein Selbstzweck sein dürfte.

2. Art. 14 GG, Schutzrecht an der Ausstattung

a) Schutzbereich

Bereits seit einiger Zeit ist in der Rechtsprechung des BVerfG anerkannt, daß bestimmte gewerbliche Schutzrechte, wie etwa das „schutzfähige, rechtmäßig eingetragene und aufrechterhaltene“ Warenzeichen (i.S.d. § 15 WZG[191]), vom Schutz des Art. 14 GG mitumfaßt sind[192]. Die jüngste Judikatur hat auch den sogenannten Ausstattungsschutz (i.S.d. § 25 WZG) in diesen Schutzbereich einbezogen[193]. Bei diesem Ausstattungsrecht handelt es sich um ein subjektives vermögenswertes Recht, das dem Berechtigten (dem Zeicheninhaber) von der objektiven Rechtsordnung ebenso ausschließlich wie Eigentum an einer Sache zur privaten Nutzung und eigenen Verfügung zugeordnet ist[194]. Der Schutz des Ausstattungsrechtes dient, anders als z. B. die Vorschrift des § 3 UWG, zunächst dem Schutz des Zeicheninhabers und sodann dem der Allgemeinheit (Garantie-, Herkunfts- und Vertrauensfunktion)[195]. Daß im Gegensatz etwa zum Warenzeichenrecht nach § 15 WZG der Schutz nicht auf einer Eintragung oder einem sonstigen konkreten Akt beruht, sondern diesen erst durch seine Verkehrsgeltung erlangt[196], ändert nichts daran, daß das Ausstattungsrecht als Eigentum i. S. d. Art. 14 GG anzusehen ist. Im Gegenteil: um so mehr repräsentiert es das Produkt einer eigenen Leistung des Inhabers, welche vom BVerfG regelmäßig als Indiz für den Grundrechtsschutz aus Art. 14 GG herangezogen wird[197].

Ausstattung i. S. d. § 25 WZG ist dabei alles, was zur Aufmachung, Etikettierung usw. gehört. Sie ist die besondere Art, in der ein Unternehmen seine Waren, Verpackungen oder Umhüllungen oder ähnliches im geschäftlichen Verkehr kenntlich macht, um seine Waren von denen anderer Unternehmen (oder Marken) zu unterscheiden[198]. Dabei ist auch die besondere Farbe und Gestaltung einer Ware oder ihrer Verpackung ausstattungsfähig, insbesondere, wenn sie vom

---

190 Dieser Zweck müßte dann natürlich aber selbst verfassungsrechtlich zulässig sein, dazu unten S. 68 f.

191 Warenzeichengesetz i.d.F. der Bek. v. 2.1.1968 (BGBl. I S. 29).

192 BVerfGE 51, 193.

193 BVerfGE 78, 58 (71 ff.).

194 Ebda S. 71.

195 *Baumbach / Hefermehl,* Warenzeichenrecht, Einl. WZG, Rdnr. 6 ff.

196 *Althammer,* WZG, Rdnr. 10.

197 Vgl. nur BVerfGE 1, 264 (277); 50, 290 (340); 58, 81 (112).

198 *Busse,* WZG, § 25 Rdnr. 8.

Verkehr als charakteristisch angesehen wird[199]. Wenn eine bestimmte Verpakkung vom angesprochenen Verkehrskreis folglich dem jeweiligen Produkt zugeordnet wird, ist die Gestaltung dieser Packung vom Ausstattungsschutz umfaßt. Daß dies jedenfalls für die Frontseiten der Packungen der etablierten Zigarettenmarken zutrifft, bedarf keiner Ausführung. Die Marktstellung der führenden Marken beruht zu einem wesentlichen Teil auf der überragenden Verkehrsgeltung ihrer Ausstattung (Verpackung).

Bislang lagen dem BVerfG im Hinblick auf den verfassungsrechtlichen Schutz gewerblicher Schutzrechte nur Fälle eines Totalentzuges der Nutzungsbefugnis zur Entscheidung vor. Durch die Warnhinweise auf Front- und Rückseite der Zigarettenpackung[200] würde indes nicht die Verwendungsbefugnis generell beseitigt. Allein das Erscheinungsbild der etablierten Ausstattungen wird hierdurch beeinträchtigt. Auch obligatorische Zusätze zur Ausstattung können aber deren Marktfunktion erheblich beeinträchtigen. Vor allem durch die ästhetische Gestaltung in Farben und Flächen der Frontseiten der Verpackung erhält die Zigarettenmarke ihr typisches Gepräge, welches entscheidend das Markenimage und die Marktakzeptanz bestimmt. Zu bedenken ist dabei auch, daß das Erscheinungsbild einer Zigarettenpackung die Marktsituation der Marke typischerweise dergestalt beeinflußt, daß der Marktanteil, d.h. der relative Zuspruch hierdurch verbessert wird. Der Neugewinn von Kunden steht dabei im Hintergrund. Der Gesetzgeber darf Nutzung und Verfügung im Eigentum nicht trennen[201]. Zwar liegt in dem „Entzug des Rechts"[202] regelmäßig ein Eingriff in die Eigentumsgewährleistung. Von praktisch größerer Gefahr sind jedoch Einschränkungen auf der Nutzungsseite, im Eigentumswert. Daraus folgt, daß nicht nur der völlige Entzug der Benutzungsbefugnis, sondern auch die unfreiwillige Veränderung einer geschützten Ausstattung grundsätzlich in den Schutzbereich des Art. 14 GG eingreift. In diesem Sinne nicht als freiheitsbegrenzend anzusehen sind dabei geringfügige Zusätze, die den optischen Gesamteindruck der Verpackung nur unwesentlich beeinträchtigen. Dies ist jedenfalls in Bezug auf die geplante Dimension und Aufmachung der Warnungen auf den Frontseiten der Zigarettenpackung nicht der Fall[203]. Der optische Eindruck wird durch die dominanten Warnungen auf beiden Breitseiten vielmehr erheblich verändert und beeinträchtigt.

b) Schranken

Für die verfassungsrechtliche Rechtfertigung dieses Grundrechtseingriffs gilt prinzipiell nichts anderes als bei der Frage nach der Zulässigkeit der Inanspruch-

---

199 *Busse*, WZG, § 25 Rdnr. 11.

200 Also mind. 4 % der Fläche, Buchstaben mind. 3 mm hoch, kontrastierender Hintergrund.

201 *Leisner*, Eigentum, Rdnr. 52.

202 Ebda., Rdnr. 81.

203 Vgl. oben S. 10.

nahme der Fläche für die staatliche Warnung[204]. Erst wenn als Zweck der Maßnahme eingeräumt wird, daß dem Konsument die Information unentrinnbar aufgedrängt wird, er keine Möglichkeit hat, sich der Wahrnehmung der Warnung zu entziehen, ist es erforderlich (im nichttechnischen Sinn), in der fraglichen Weise die Ausstattung zu beeinträchtigen. Der unwahre Hinweis kann auch hier nicht zu einer zulässigen Beschränkung führen.

3. Art. 14 GG, „Recht am eingerichteten und ausgeübten Gewerbebetrieb"

Durch Warnungen und Empfehlungen soll über das Konsumentenverhalten in die allgemeine Akzeptanz der Produkte, und dadurch in die Marktstellung des Unternehmens eingegriffen werden. Gleiches gilt häufig auch für Warnhinweise, solange sie sich nicht auf bestimmte Anwendungsmodalitäten und Handhabungsrisiken (wie z. B. die R- und S-Sätze nach der GefStoffVO) beziehen. Damit ist der verfassungsrechtliche Schutz des Eigentums am Unternehmen als solchem angesprochen. Daß das „Recht am eingerichteten und ausgeübten Gewerbebetrieb" vom Schutz des Art. 14 GG umfaßt ist, wird von der Literatur und der Judikatur des BGH, sowie des BVerwG allgemein anerkannt[205]. Zu Recht, denn der Wert des (gesunden) Unternehmens erschöpft sich nicht im Wert der Summe der Betriebsmittel und Rechte. Das Betriebseigentum darf nicht zu einem „Schreibmaschineneigentum" reduziert werden[206].

Wenn das „Recht am eingerichteten und ausgeübten Gewerbebetrieb" grundsätzlich anzuerkennen ist, so entbindet dies nicht von einer vernünftigen Begrenzung seines Schutzumfanges. In der traditionellen Terminologie wird dies dadurch bewerkstelligt, daß bloße Hoffnungen und (Erwerbs-) Chancen aus dem verfassungsrechtlichen Schutz des Gewerbebetriebs ausgeklammert werden[207]. In einer derart schlagwortartigen Form ist dieser Reduktionsversuch indes nicht unproblematisch. Zum einen ist die Abgrenzung zwischen (angeblich geschützten) „Ausstrahlungen" und (danach nicht geschützten) „Chancen" gar nicht ohne weiteres möglich[208]. Zum anderen geht die Abgrenzung zu weit: Geschäftsbeziehungen, die seit einiger Zeit Bestand haben und mit großer Wahrscheinlichkeit nicht ohne externes Zutun abbrechen werden, haben sich im Wert des Unternehmens derart niedergeschlagen, daß es sachgerecht ist, sie in den Eigentumsschutz einzubeziehen. Letztlich ändert dies jedoch nichts an ihrer Qualität als „Chancen", denn ein Recht auf weitere Geschäfte besteht nicht. Gleichwohl kann rechtswidriges

---

204 Vgl. oben S. 48.

205 BGHZ 23, 157 ff.; 45, 150 (154), BverWG NJW 1982, 63 ff. *Badura*, AöR 98 (1973), 153 ff., *Leisner*, Eigentum, Rdnr. 108 ff., *Ossenbühl*, Staatshaftungsrecht, S. 106, aA. *Rittstieg*, in: AK GG, 2. Aufl., Art. 14, Rdnr. 99 f.

206 So *Leisner*, Eigentum, Rdnr. 109.

207 Vgl. *Papier*, in: M-D-H-S, Art. 14, Rdnr. 110.

208 Darauf weist *v.Münch*, GG, Art. 5, Rdnr. 21, hin.

oder final-hoheitliches Einwirken auf diese Erwerbsaussichten eines Unternehmens dessen Eigentumsgrundrecht verletzen[209].

Über diese Diskussion hat das BVerfG[210] inzwischen ein Damoklesschwert gehängt: „Ob (die) Auffassung, (die Eigentumsgarantie erstrecke sich, auch auf den Gewerbebetrieb mit all seinen Ausstrahlungen, auf Betriebsgrundstücke, Geschäftsverbindungen, den Kundenstamm und alles, was in seiner Gesamtheit den wirtschaftlichen Wert eines Betriebes ausmache,) einer eingehenden verfassungsrechtlichen Prüfung standhalten würde, kann zweifelhaft sein. Es ist die Frage, ob der Gewerbebetrieb als solcher die konstituierenden Merkmale des verfassungsrechtlichen Eigentumsbegriffs aufweist. Eigentumsrechtlich gesehen ist das Unternehmen die tatsächliche — nicht aber die rechtliche — Zusammenfassung der zu seinem Vermögen gehörenden Sachen und Rechte, die an sich schon vor verfassungswidrigen Eingriffen geschützt sind. Nach allgemeiner Auffassung werden dagegen bloße Chancen und tatsächliche Gegebenheiten nicht dem geschützten Bestand zugerechnet. Ob gleichwohl ein zusätzlicher verfassungsrechtlicher Schutz des Gewerbebetriebs als solcher geboten ist, bedarf jedoch im vorliegenden Fall im Hinblick auf die vorstehenden Erwägungen keiner Abschließenden Entscheidung“. Weiter in diese Richtung geht wohl auch eine jüngere Entscheidung des Gerichts nach der der Schutz des eingerichteten und ausgeübten Gewerbebetriebes jedenfalls nicht bloße (Umsatz- und Gewinn-) Chancen und tatsächliche Gegebenheiten umfassen würde[211] wie die bestehenden Geschäftsverbindungen, den erworbenen Kundenstamm oder die Marktstellung[212].

Diese Zurückhaltung ist in der Literatur auf Kritik gestoßen[213]. Sie hat in der Tat zu einer erheblichen Verunsicherung im Wirtschaftsverfassungsrecht geführt. Das BVerfG täte gut daran, eine sich bietende Chance zur Klarstellung zu nutzen. Dabei kann auf eine wohldurchdachte herrschende Meinung zurückgegriffen werden, die für den Schutz des gewerblichen Tätigkeitsfeldes eine harmonische Lösung (unter Einbeziehung eines Rechts am Unternehmen aus Art. 14 GG) bereithält.

Den Ansatz gibt dabei die nach wie vor richtungsweisende frühe Definition des BGH[214] vor, nach der ebenso wie das Eigentum nicht nur in seinem Bestand, sondern auch an seinen einzelnen Ausstrahlungen unter dem Schutz der Eigentumsgarantie stehe, auch das Recht am eingerichteten und ausgeübten Gewerbebetrieb nicht nur in dessen eigentlichem Bestand, sondern auch in dessen einzelnen

209 *V.Münch,* a.a.O., *Ossenbühl,* Umweltpflege, S. 45 f., vgl. auch BGHZ 76, 387 (392 f.).

210 BVerfGE 51, 193 (221 f.).

211 So bereits E 68, 193 (222 f.).

212 BVerfGE 77, 84 (118).

213 Etwa bei *Leisner,* Eigentum, Rdnr. 109.

214 BGHZ 23, 157 (162).

Erscheinungsformen zu rechnen sei. Dazu gehöre der gesamte gewerbliche Tätigkeitskreis, welcher vor unmittelbaren Störungen bewahrt werden muß. Das Gericht führt aus, daß zum Gewerbebetrieb nicht nur die Betriebsgrundstücke und -räume sowie die Einrichtungsgegenstände, die Warenvorräte und die Außenstände gehörten. Dazu seien vielmehr auch geschäftliche Verbindungen, Beziehungen, der Kundenstamm, also alles das zu zählen, was in seiner Gesamtheit den wirtschaftlichen Wert des konkreten Gewerbebetriebes ausmacht[215]. Der BGH betont damit, daß das Recht am eingerichteten Gewerbebetrieb nicht nur den eigentlichen Bestand des Gewerbebetriebes umfasse, sondern auch dessen einzelne Erscheinungsformen, wozu der gesamte gewerbliche Tätigkeitskreis gehöre. Daraus folgt nach Ansicht des BGH, daß „bei wirtschaftlich wertender Beurteilung, wie sie gerade bei Eingriffen in Vermögensrechte erforderlich ist[216], erst die jeweilige Situation, in der ein Gewerbe betrieben wird, den vermögensrechtlichen Umfang des Betriebes schafft“[217].

Auch für die verfassungsrechtliche Beurteilung ist diese Konzeption tragfähig. Mit dem Eingriff in die Kommunikation des Unternehmens mit seinen Kunden soll durch die projektierten Warnhinweise in der Werbung und Etikettierung gerade diese marktbezogene Situation der Tabakhersteller getroffen werden. Auch wenn die zugrundeliegende Motivation primär auf den Verbraucher und nur sekundär auf die Hersteller abzielt, wird hier konkret in das Verhältnis zwischen Gewerbetreibenden und Kunden eingegriffen.

Ein Eingriff in das Eigentum unter dem Gesichtspunkt des eingerichteten und ausgeübten Gewerbebetriebes ist nach der Rechtsprechung des BGH aber nicht gegeben, wenn lediglich durch staatliche Einwirkung auf die Rahmenbedingungen das Marktgeschehen beeinflußt wird. Gemeint sind damit Fälle, wie beispielsweise die Änderung der StVZO, aufgrund derer die Produktion von Blinkleuchten geändert werden mußte[218], oder der Neuordnung der Landgerichtsbezirke, die Anwälte zur Verlagerung ihrer Tätigkeit zwang[219]. Ein typisches Merkmal der einschlägigen Entscheidungen ist dabei, daß die Auswirkungen auf das einzelne Unternehmen ein Reflex der Maßnahme ist, die einem Zweck außerhalb des Marktgeschehens dient.

Sodann drängt sich indes die Frage nach der Grenzziehung zwischen (unbeachtlicher) Definition der wirtschaftlichen Rahmenbedingungen und (zu legitimierenden) Grundrechtseingriffen auf. Damit ist der Problemkreis faktischer Eingriffe, insbesondere durch staatliche Informationsmaßnahmen und sonstige meinungsbeeinflussende hoheitliche Tätigkeiten, erreicht. Die hier zu treffende Abgrenzung erlangt besondere praktische Relevanz durch die Tatsache, daß der Staat und

---

215 Ebda.

216 So schon BGHZ 19, 1 (4).

217 BGHZ 23, 157 (162).

218 BGH NJW 1968, 293.

219 BGHZ 65, 241.

seine Organe sich mehr und mehr aus dem Instrumentenmonopol der Reglementierung zurückzieht und stattdessen zunehmend auf Steuerung durch informative und influenzierende Maßnahmen zurückgreift. Der Wirkungsmechanismus verläßt den (unmittelbaren) Zwang und wendet sich der (vermeintlich?) autonomen Entscheidung zu. Der Staat verzichtet dabei auf das rigide Steuerungsmittel der Illegalisierung (was in Bezug auf das Rauchen derzeit auch weder gewollt noch politisch durchsetzbar wäre) und versucht stattdessen, den Adressaten bei der Wahl zwischen mehreren, gleichermaßen rechtmäßigen Verhaltensformen zu der ihm genehmen Alternative zu bewegen[220]. Der Befehl wird durch die subtileren Mittel der Willens- und Motivationsbeeinflussung ersetzt[221]. Neben unbestreitbaren Vorzügen dieser Bereicherung des Handlungsinstrumentariums ergeben sich aber auch durchaus Probleme. Wenn der Staat oder dessen Organe beispielsweise durch willensbestimmende Maßnahmen den gleichen Effekt erreichen können, wie durch ein (möglicherweise unzulässiges) Verbot, muß auch insoweit die Grundrechtsgeltung beachtet werden. Anderenfalls droht mit den informativen Maßnahmen die Flucht aus dem Wirkbereich der Grundrechte.

Allerdings sind unter Zugrundelegung des klassischen ordnungsrechtlichen Eingriffsbegriffs faktische Grundrechtsbeeinträchtigungen nur schwer faßbar. Diese Definition, der die Kriterien[222]:

— Finalität (der Eingriff ist nicht lediglich eine unbeabsichtigte Folge einer Maßnahme, die auf völlig andere Zwecke abzielt),

— mit Einschränkungen der Unmittelbarkeit (keine zwar intendierte aber nur mittelbare Auswirkung beim Betroffenen),

— Rechtsformalität (nur formale Akte mit rechtlicher und nicht nur tatsächlicher Wirkung) und

— imperative Qualität der Maßnahme (direktive Wirkung, Ver- und Gebot)

zugrundeliegen, muß man aber als weitgehend überholt ansehen. Brauchbar bleibt an ihm auch heute noch eine Indizwirkung. Liegt eines der oben genannten Merkmale vor, ist jedenfalls ein Eingriff gegeben. Insbesondere im Bereich der Leistungsverwaltung und der mittelbaren Wirtschaftssteuerung versagt die traditionelle Auffassung vom Eingriff aber vollends. Es besteht daher heute weitgehend Einigkeit darüber, daß auch mittelbare faktische Grundrechtsbeeinträchtigungen als Grundrechtseingriffe anzusehen sein können[223]. Anders sind gerade

---

220 *Kloepfer,* Umweltrecht, § 4, Rdnr. 142.

221 Vgl. *Sening,* NuR 1985, 125 ff.; *Sodan,* DöV 1987, 858 ff.

222 Vgl. dazu etwa *Gallwas* Faktische Beeinträchtigungen im Rahmen der Grundrechte, 1970; *Haag,* Die Zulässigkeit der Verfassungsbeschwerde bei mittelbarer Verletzung eines Grundrechts, 1971; *Ramsauer,* Die faktische Beeinträchtigung des Eigentums, 1980; *Bleckmann / Eckhoff,* Der „mittelbare" Grundrechtseingriff, DVBl. 1988, 373 ff.; *Schulte,* Informales Verwaltungshandeln, S. 222 ff.; *Ossenbühl,* UTR 3 (1987), S. 34 f.

223 *Ossenbühl,* Umweltpflege, S. 15, *Schulte,* Informales Verwaltungshandeln, S. 226.

grundrechtsrelevante informative oder appellierende staatliche Maßnahmen grundrechtlich nicht faßbar.

Für mittelbare Beeinträchtigungen hat das BVerwG im Transparenzlistenurteil[224] wichtige Erkenntnisse herausgearbeitet. Obschon das Gericht dabei eine Einschränkung des Grundrechts aus Art. 12 GG prüfte, sind die Ausführungen zur Eingriffsqualität durch nachfragebeeinflussende Maßnahmen durchaus auch im Rahmen des Art. 14 GG tragfähig. Danach können staatliche Maßnahmen, die mit für den Unternehmer nachteiligen Veränderungen der wirtschaftlichen Verhältnisse einhergehen (wie etwa das Hinzutreten des Staates als Konkurrent) nicht ohne weiteres als Grundrechtsbeeinträchtigung verstanden werden[225]. „Das ist aber anders bei Maßnahmen, mit denen der Staat zielgerichtet gewisse Rahmenbedingungen verändert, um zu Lasten bestimmter Unternehmen einen im öffentlichen Interesse erwünschten Erfolg herbeizuführen. Solche Maßnahmen haben eine andere rechtliche Qualität. Im Gegensatz zu einer Veränderung sozialer Bedingungen als bloßer Reflex staatlicher Maßnahmen handelt es sich hier um ‚grundrechtsspezifische' Maßnahmen. Im Rahmen von Art. 12 Abs. 1 GG sind das Maßnahmen, die eindeutig auf einen auf seiten des Unternehmens eintretenden nachteiligen Effekt abzielen und diesen Effekt nicht lediglich als Begleiterscheinung mit sich bringen. Der Grundrechtsschutz der unternehmerischen Beätigungsfreiheit kann sich mithin ausnahmsweise auch auf die Veränderung von Erwerbsbedingungen erstrecken, wenn und soweit diese staatlicherseits final und grundrechtsspezifisch erfolgt. Ein anderes Ergebnis wäre mit dem Schutzweck des Art. 12 Abs. 1 GG nicht vereinbar, weil dies dem Staat erlauben würde, ohne Beachtung grundrechtlicher Schutzbedingungen unternehmerisches Verhalten zu steuern und die unternehmerische Dispositions- und Betätigungsfreiheit einzuschränken und womöglich auszuhöhlen[226]".

Eine zielgerichtete und grundrechtsspezifische Einwirkung auf das Marktgeschehen kann folglich als Grundrechtseingriff anzusehen sein[227]. Dies wird nicht durch den Umstand gehindert, daß die Wirkung einer Maßnahme über die „Zwischenstation" einer rechtlich freien Käuferentscheidung erreicht wird. In diesem Sinne werden durch die EG-Warnhinweise nicht allein die wirtschaftlichen Rahmenbedingungen neu definiert. Vielmehr wird vom Staat über die Beeinflussung des Käuferverhaltens ein Rückgang des Absatzes der Zigarettenhersteller beabsichtigt. Soweit sich diese Absatzstrukturen bereits im oben definierten Sinne[228] zum Eigentumsbestandteil verdichtet haben, können Warnhinweise durchaus als Substanzeingriff in das Eigentum wirken, wenn sie geeignet sind, einen deutlichen Absatzrückgang zu bewirken[229].

---

224 BVerwGE 71, 183.

225 BVerwGE 39, 329 (336 f.).

226 BVerwG NJW 1985, 2774 ff., 2776 f.

227 So auch *Ossenbühl,* UTR 3 (1987), S. 27 ff., 34.

228 Vgl. oben S. 52 f.

Ob dies durch Warnungen auf Zigarettenpackungen tatsächlich der Fall ist, ist bisher nicht gesichert. Zu berücksichtigen ist aber, daß der Zigarettenhersteller — innerhalb seines Bereichs — regelmäßig keine Möglichkeit der Diversifikation hat. Ein Einbruch im Absatz seines einzigen Produktes (sei es auch auf mehrere Marken gestreut), wäre daher typischerweise substanzbedrohend.

In diesem Fall stellt sich die Frage nach der verfassungsrechtlichen Rechtfertigung des Grundrechtseingriffs. Zunächst bedürfte es einer gesetzlichen Grundlage. Dieser Anforderung ist wohl durch eine Verankerung der Maßnahmen im LMBG oder der hierauf bauenden TabakVO Genüge getan. Sodann wären aber materielle Grenzen der Eigentumsschranken zu beachten. Das BVerfG führt dazu aus: „In Ausübung der durch Art. 14 Abs. 1 S. 2 GG erteilten Ermächtigung, Inhalt und Schranken des Eigentums zu bestimmen, muß der Gesetzgeber sowohl die Wertentscheidung des Grundgesetzes zugunsten des Privateigentums beachten als auch alle übrigen Verfassungsnormen, insbesondere den Gleichheitssatz, das Grundrecht der freien Entfaltung der Persönlichkeit und das Prinzip der Rechts- und Sozialstaatlichkeit“[230]. Dieser Aspekt kann dazu führen, daß eine an sich zulässige Eigentumsbeschränkung wegen eines Verstoßes gegen andere Verfassungsnormen (etwa Art. 5 GG[231]) keine taugliche Schranke i. S. d. Art. 14 GG sein kann.

E. Art. 2 Abs. 1 GG, Wettbewerbsfreiheit, Unternehmerfreiheit

Die wirtschaftliche Bewegungsfreiheit des Unternehmens und des Unternehmers ist vorrangig durch die Art. 12 und 14 GG in „Grundrechtsidealkonkurrenz“ geschützt[232]. Erst danach greift als Auffanggrundrecht die allgemeine wirtschaftliche Betätigungsfreiheit nach Art. 2 Abs. 1 GG subsidiär ein, ebenso wie bei Individuen generell die allgemeine Handlungsfreiheit gegenüber den speziellen Freiheitsrechten nur bei deren thematischen Nichteinschlägigkeit zur Anwendung kommt[233]. Auch soweit Art. 2 Abs. 1 GG also speziell die wirtschaftliche Betätigungsfreiheit schützt, tritt dieser Schutz dann zurück, wenn eine konkrete Maßnahme inhaltlich bereits von Art. 12 oder 14 GG erfaßt ist. Dies ist aber für die geplanten Hinweispflichten der Fall. Wie festgestellt, liegt ein unmittelbar direktiver Eingriff in die Berufsfreiheit vor, und thematisch ist auch die Eigentumsgewährleistung (je nach Intensität) betroffen[234]. Für eine Anwendung des Art. 2 Abs. 1 GG ist daher insoweit kein Raum[235].

---

229 Ausführlich zum Problem des Eingriffscharakters informativer absatzbestimmender Maßnahmen *Ossenbühl*, Umweltpflege, S. 8 ff., 27, 45 f.; Sodan DÖV 1987, S. 858 ff., für Art. 14 GG S. 861 ff.

230 E 14, 236 (278); 58, 300 (338); 62, 169 (183); 70, 191 (200).

231 Vgl.oben S. 19 ff.

232 Vgl. oben S. 52 f.

233 Vgl. BVerfGE 6, 32 (37); 9, 334 (343); 10, 55 (58); 19, 206 (215); 23, 50 (55 f.).

234 Vgl. oben S. 47 und 55.

Eine hiervon grundverschiedene Konzeption vertritt in jüngster Zeit *Philipp*[236]. Sie stellt primär auf den „guten Ruf" des Unternehmens und dessen Selbstdarstellung ab und verankert einen diesbezüglichen Schutz im wesentlichen in Art. 2 Abs. 1 GG. Dieser Ansatz mag für individualisiert unternehmensbezogene Warnungen zutreffend sein (obwohl auch insoweit durchaus Bezüge zu Art. 14 GG sichtbar werden). Bei Warnungen, Empfehlungen, Appellen oder eben auch bei Pflichthinweisen, die sich nicht auf ein konkretes Unternehmen beziehen, kann diese Sichtweise indes keine befriedigenden Antworten geben.

---

235 Für die Wettbewerbsfreiheit, soweit sie in Art. 2 Abs. 1 GG angesiedelt ist, kommt allerdings schon deshalb kein Eingriff in Betracht, weil alle Tabakhersteller gleichermaßen betroffen sind. Eine Verfälschung der Chancen der Wettbewerber liegt insoweit nicht vor.

236 Staatliche Verbraucherinformation, S. 127 ff., Allerdings bezieht sie sich auf behördliche Informationen.

IV. Eingriff in Grundrechte der Konsumenten

Neben den Grundrechtspositionen der Zigarettenhersteller können aber durch die projektierten Normen auch Rechte der Konsumenten beeinträchtigt sein. Es ist unschwer zu erkennen, daß eigentlicher Adressat im Sinne der Zielrichtung der Maßnahmen die Konsumenten von Tabakprodukten sind.

A. Negative Rezipientenfreiheit

Die Tabakkonsumenten sollen dadurch, daß sie stets, wenn sie mit Tabakprodukten oder der Werbung hierfür in Kontakt treten, zugleich auch der staatlichen Information und der staatlichen Meinung[1] ausgesetzt sein. Dies wird dadurch erreicht, daß die bereits beschriebenen Hinweise derart dominant auf den Zigarettenpackungen erscheinen müssen, daß ein Verdrängen oder Nichtaufnehmen ausgeschlossen ist. Dies ist auch gewollt: die Hinweise dürfen nicht entfernbar sein[2]. Tatsächlich wird so vorgenommen, was rechtlich nicht regelbar wäre, nämlich daß der Konsument gezwungenermaßen eine Information immer dann aufnimmt, wenn er eine bestimmte Handlung vornimmt[3]. Hierdurch soll eine Beeinflussung der Betroffenen dahingehend erreicht werden, daß sie im Sinne einer „eigenen", „freiwilligen" Meinungsbildung eine veränderte Stellung zum Rauchen einnehmen.

Wo setzt aber im Falle staatlicherseits aufgedrängter — und zwangsläufig aufgenommener — Information und Warnung der Grundrechtsschutz des Rezipienten ein?

1. Art. 5 Abs. 1 S. 2, negative Informationsfreiheit

Ein Aspekt dieser negativen Rezipientenfreiheit[4] ist ein mögliches Recht auf negative Informationsfreiheit[5], abgeleitet aus Art. 5 Abs. 1 S. 1, 2. Alt. GG. Ob das Recht, sich aus allgemein zugänglichen Quellen ungehindert zu unterrichten,

---

1 Vgl. oben S. 20 ff.

2 Etwa durch Entfernung einer Banderole oder Umhüllung.

3 Nämlich eine Zigarettenpackung zur Hand nimmt.

4 *Hoffmann-Riem*, in: AK, GG, Art. 5 Rdnr. 95.

5 Vgl. *Degenhart*, in: Bonner Kommentar zum GG, Art. 5 Abs. 1 u. 2, Rdnr. 286; *Herzog*, a.a.O., Art. 5 I, II, Rdnr. 249 ff.; *Scholz*, Europäisches Gemeinschaftsrecht, S. 68 f.

auch eine solche negative Komponente aufweist und wie diese gegebenenfalls ausgestaltet ist, wird in der staatsrechtlichen Literatur uneinheitlich bewertet. Auch die vereinzelten Stellungnahmen der Rechtsprechung zeichnen kein eindeutiges Bild der einschlägigen Problematik. Im folgenden ist daher die vorhandene Rechtsprechung zu analysieren und der Meinungsstand festzustellen.

a) Einzelne Autoren

aa) Götzfried

1963 wurde von Eva *Götzfried* das „Recht, nicht zuhören zu müssen“[6] und der „Pollak-Fall“ (S.C. Franklin S. Pollak v. Public Utilities Commission of the District of Columbia, 343 US 451, v. 26.5.1952) für das deutsche Recht „entdeckt“. Nach dem Sachverhalt dieses Falles[7] hatte ein Straßenbahnunternehmen einer Rundfunkgesellschaft gegen die Zahlung von jährlich $ 108 000 das Recht eingeräumt, in deren Fahrzeugen Radioempfänger und Lautsprecher zu installieren. Die mitfahrenden Passagiere waren so einem gemischten Programm mit Musik, Werbung und Nachrichten ausgesetzt. Beschwerden bei der zuständigen Aufsichtsbehörde blieben ohne Erfolg. Zwei Passagiere klagten gegen die zuständige Genehmigungsbehörde wegen Verletzung ihrer verfassungsmäßigen Rechte. *Götzfried* übertrug den Fall auf das bundesdeutsche Recht. Sie leitete dabei zwar aus Art. 5 GG einen negativen Gehalt ab, wobei „mit dem Zwang, dem gesprochenen Wort zuzuhören ... Art. 5 mit seinem Recht, sich nicht zu unterrichten, ... verletzt (wird)“[8], ließ letztlich aber offen, ob „das Recht, nicht zuhören zu müssen“ Art. 2, 4 oder 5 GG zuzuordnen sei.

bb) Kimminich

Kimminich hat sich ausführlich mit dem „Pollak-Fall“ auseinandergesetzt[9]. Neben einer sehr gründlichen Analyse der Diskussion im US-amerikanischen Recht zieht *Kimminich* auch Schlüsse für das bundesdeutsche Verfassungsrecht. Er verneint dabei ein Recht auf negative Informationsfreiheit aus Art. 5 Abs. 1 S. 2 GG und leitet einen Schutz gegen aufgedrängte Rezeption aus Art. 2 Abs. 1 GG her[10]. Er nähert sich damit einem allgemeinen „Recht auf Stille“[11], welches nicht zwischen informativen und unartikulierten akustischen Einwirkungen diffe-

---

[6] *Götzfried,* NJW 1963, S. 1961.

[7] Nach *Kimminich,* Der Staat 3 (1964) S. 61 ff., 62 f.

[8] *Götzfried,* a. a. O., S. 1962.

[9] Der Staat 3 (1964) S. 61 ff.

[10] A.a.O., S. 83

[11] Vgl. *Konvitz,* Fundamental Liberties of a Free People: Religion, Speech, Press, Assembly, 1957, Kap. 15, S. 118 ff.

renzieren kann und für optische Reize keine Antwort bereithält[12]. Die von Kimminich vorgetragenen Erkenntnisse der amerikanischen Diskussion sind allerdings beachtlich. So ist insbesondere die Aussage des Richters *Black*[13] hervorzuheben, wonach Musiksendungen nicht das Recht auf freie Meinungsäußerung verletzen könnten, wohl aber Nachrichten, Reden, Kommentare und Propaganda jeder Art[14].

cc) Degenhart

Degenhart nimmt in seiner Kommentierung zu Art. 5 Abs. 1 und 2 GG[15] zum Problem der negativen Informationsfreiheit Stellung. Nach ihm ist auch diese Bestandteil des Schutzbereichs des Art. 5 Abs. 1 S. 1 GG, der insoweit den „Schutz vor (staatlicherseits) aufgedrängter Information" beinhaltet[16]. Er betrachtet es als eine Voraussetzung der von Art. 5 Abs. 1 GG geforderten Freiheitlichkeit des geschützten Kommunikationsprozesses, daß auch die passive Teilnahme hieran der freien Entscheidung des jeweiligen Grundrechtsträgers überlassen ist. *Degenhart* betont dabei, daß eine faktische Konfrontation mit öffentlichen, allgemein zugänglichen Informationsquellen nicht bereits einen Eingriff in die negative Informationsfreiheit darstellen. Hierfür bedürfe es vielmehr eines Zwanges, bestimmte Informationen aufzunehmen.

Das entscheidende Kriterium der Konzeption *Degenharts* liegt danach in einer „Unentrinnbarkeit". Ein solchermaßen unentrinnbares Aufdrängen von „Information"[17] tangiere danach den Schutzbereich der negativen Informationsfreiheit als Bestandteil des Art. 5 Abs. 1 S. 1 GG[18].

dd) Hoffmann-Riem

Hoffmann-Riem[19] verneint eine negative Informationsfreiheit aus Art. 5 Abs. 1 S. 1 GG ausdrücklich. Diese Norm regele nicht auch das Recht, Meinungsäußerungen nicht rezipieren zu müssen, also vor unerwünschten Informationsinhalten geschützt zu werden. Er argumentiert, daß ein solches Recht die öffentliche Kommunikation unter Einsatz vieler üblicher Transportmittel der Kommunika-

---

12 Vgl. dazu unten S. 69. Nach *Lerche*, Werbung und Verfassung, S. 148, führt diese Argumentation allerdings zum „traditionell polizeirechtlichen Fragenkreis der Lärmbekämpfung.

13 Wiederum nach *Kimminich*, a.a.O., S. 71.

14 Vgl. zu diesem (entscheidenden) Kriterium unten S. 69.

15 In: Bonner Kommentar zum GG, Art. 5 GG, Rdnr. 286.

16 A.a.O. (Klammern im Original).

17 Anführungszeichen im Original.

18 A.a.O. (FN 220) Auch wenn *Degenhart* bei der Formulierung dieser Konzeption erkennbar auf den „Pollack-Fall" — dazu oben S. 59 — abzielt, so sind seine Ergebnisse doch genauso für den Fall allgegenwärtiger Warnhinweise fruchtbar zu machen.

19 In: AK, 2. Aufl., Art. 5 Abs. 1, 2, Rdnr. 95.

tion, wie etwa Plakate, Lautsprecher oder Lichtreklame, faktisch unmöglich mache. *Hoffmann-Riem* hält aber einen Schutz vor aufgedrängter Rezeption aus anderen Grundrechten, etwa Art. 2 Abs. 1 oder 1 Abs. 1 GG, für möglich und schließt sich damit tendenziell der Argumentation *Kimminichs* und *Götzfrieds* an.

ee) Wohland

Nach *Wohland* ist die negative Rezipientenfreiheit durch Art. 5 Abs. 1 S. 2 GG im Sinne einer negativen Informationsfreiheit geschützt[20]. Er weist darauf hin, daß der staatliche Eingriff durch Kommunikationsgebote schwerer wiegen kann als jener durch Kommunikationsverbote und daß die negative Informationsfreiheit die freie Kommunikation im Sinne „frei entstehender" Kommunikation sichert.

ff) Faber

Auch *Faber* greift den „Pollak-Fall" und die Beiträge von *Kimminich* und *Götzfried* auf[21]. Eine negative Informationsfreiheit lehnt er ab, um die Frage dem von ihm entworfenen „Grundrecht auf innere Geistesfreiheit"[22] zuzuordnen.

b) Aussagen der Rechtsprechung

aa) Königs-Pilsener-Entscheidungen

Der erste Fall, in dem (soweit ersichtlich) deutsche Gerichte mit einem Sachverhalt konfrontiert wurden, der thematisch aufgedrängte (allerdings private) Informationen berührt, brachte die sogenannten Königs-Pilsener-Entscheidungen[23] hervor, die in den auslaufenden fünfziger und beginnenden sechziger Jahren nicht ohne Beachtung geblieben sind[24].

Ein Unternehmen begehrte die Baugenehmigung für eine Werbeanlage in Leuchtschrift. Der Schriftzug sollte beiderseits einer stark befahrenen Eisenbahnunterführung im Innenstadtbereich am Geländer der Brücke angebracht werden. Auf diese Weise sollte die Werbung dem vorbeifahrenden Autofahrer auf Anhieb ins Auge fallen und als sog. Erinnerungswerbung wirken. Die Baugenehmigung wurde der Brauerei verwehrt. Die hiergegen erhobene verwaltungsgerichtliche Klage in erster Instanz hatte Erfolg.

---

20 *Wohland*, Informationsfreiheit und politische Filmkontrolle, S. 123 f.

21 *Faber*, Innere Geistesfreiheit und suggestive Beeinflussung, S. 62 ff.

22 A.a.O., S. 61, hierzu unten S. 75 f.

23 OVG Münster, DÖV 1958, 824; BVerwG NJW 1959, 1194 f., Münster, OVGE 1, 355 ff.

24 Vgl. dazu *Jürgens*, VerwArch 53 (1962),S. 114.

Das OVG Münster versagte wiederum die erwünschte Baugenehmigung und machte diese Entscheidung am Tatbestandsmerkmal des „einwandfreien Einfügens" i. S. d. seinerzeitigen § 1 BaugestaltVO fest. Hier wurde ein ästhetischer Gehalt angesiedelt[25], dem auch moralische Aspekte immanent seien. Die mangelnde Ästhetik wurde freilich nicht in der Werbeanlage selbst gesehen, sondern in deren Wirkung auf den Adressaten: „Durch die Verkehrssituation, vor allem durch die Verengung der Fahrbahn und den Wechsel von der hellen freien Strecke in die relativ dunkle Unterführung, wird zudem die Aufmerksamkeit der Kraftfahrer so in Anspruch genommen, daß sie nicht die Möglichkeit haben, durch einen bewußten Vorgang das Eindringen der Werbeworte ‚Königs-Pilsener' in ihr Unterbewußtsein abzuwehren. ... Er (der gebildete Mensch) fühlt sich als freie Persönlichkeit mißachtet, indem er nicht zur freien Entscheidung für die angepriesene Ware aufgefordert, sondern als willenloses Objekt behandelt wird. ... Diese Zusammenhänge werden zwar im allgemeinen dem beurteilenden Betrachter kaum klar sein. Ein ästhetisches Urteil besteht aber gerade darin, daß der Urteilende sich lediglich darüber erklären will, ob ihm ein Objekt gefällt oder mißfällt. Daß er sein Urteil gestützt auf seine „moralische" Wertung des Objekts fällt, ist ihm unbewußt"[26].

Das BVerwG hob die Entscheidung auf[27]. Der Mensch sei kein willenloses Objekt, was im Sinne der Achtung der Menschenwürde (und nicht der Ästhetik[28]) zu berücksichtigen sei. Allerdings blieb das OVG Münster bei seiner Rechtsprechung[29].

Daß weder das BVerwG noch das OVG das Problem der negativen Informationsfreiheit erörterten, ist vermutlich darauf zurückzuführen, daß den Richtern seinerzeit eine hochentwickelte Grundrechtsdogmatik wie heute nicht zur Verfügung stand. Das OVG hätte diesen Ansatz sicher genutzt. Im Ergebnis richtig entschied allerdings das BVerwG[30].

bb) Unterschriftensammlung

Zum Problemkreis der negativen Rezipienten-Entscheidung hat sich unmittelbar auch das BVerfG geäußert. Gegenstand seiner Entscheidung[31] war die Verfas-

---

25 Zu dessen Ergründung philosophische Literatur *(Häberlin,* Allgemeine Ästhetik, 1929) bemüht wurde.

26 OVG *Münster,* a.a.O., S. 825.

27 NJW 1959, 119 f.

28 Diesen Schluß durfte das BVerwG nicht ziehen, da diese Auslegung nicht im Bereich des revisiblen Rechts lag.

29 In OVGE 14, 355 ff.

30 Hierauf wird noch zurückzukommen sein, vgl. etwa unten S. 71. Zustimmend auch *Lerche,* Werbung, S. 140 f.

31 BVerfGE 44, 197 (203 f.).

sungsbeschwerde eines Soldaten, der wegen einer Unterschriftensammlung (gegen den Bau des Kernkraftwerkes Wyhl) gem. § 15 Abs. 2 SG[32] disziplinarisch belangt worden war. Zur Rechtfertigung der Einschränkung der Meinungsäußerungsfreiheit des betroffenen Soldaten führte das BVerfG unter anderem aus: „§ 15 Abs. 2 SG will jedes Verhalten ausschließen, das einen Kameraden in seiner dienstfreien Zeit gegen seinen Willen in eine politische Auseinandersetzung drängt. Bei der Anwendung der Vorschrift darf nicht außer Betracht bleiben, daß der Soldat in der Kaserne nicht abgeschlossen wohnt und deshalb seine Privatsphäre nur unter wesentlich erschwerten Bedingungen schützen kann. Politischen Aktivitäten anderer Soldaten ist er ausgesetzt, ohne ihnen ohne weiteres aus dem Wege gehen zu können. Sein Grundrecht auf unbedingte Achtung eines privaten Lebensbereiches (Art. 1 Abs. 1, 2 Abs. 1 GG), sein Anspruch, „in Ruhe gelassen zu werden“ (vgl. BVerfGE 6, 32 [41]; 27, 1 [6 f.]), sind in dieser besonderen Situation von vornherein besonders gefährdet und deshalb in besonderem Maße schützenswert. Diese Sachlage schließt es aus, § 15 Abs. 2 SG allein im Lichte des Art. 5 Abs. 1 GG zu sehen und unter dem Blickpunkt nur des Interesses an einer „aktiven“ Ausübung dieses Grundrechts restriktiv auszulegen. Vielmehr gebietet unter den besonderen Bedingungen des militärischen Lebensbereiches der Schutzanspruch der anderen, sich nicht gegen ihren Willen einer sie bedrängenden Inanspruchnahme oder Beeinflussung seitens ihrer Kameraden mit deren Gedankenwelt aussetzen lassen zu müssen, eine gleichrangige Berücksichtigung.“

Indem das Gericht der „aktiven“ Betätigung der Meinungsäußerungsfreiheit die Freiheit vor ungewollter aufgedrängter Agitation entgegensetzt, wendet es eine negative Informationsfreiheit — ergänzt durch die Abgrenzung eines persönlichen Freiraumes aus Art. 2 Abs. 1 iVm. Art. 1 Abs. 1 GG — stringent an. Es findet unter den besonderen Bedingungen des räumlichen Zusammenlebens eine Kollisionslösung zwischen dem Schutz der Meinungsäußerung und dem Abwehrrecht gegen aufgedrängte Rezeption, auch ohne den Terminus der negativen Informationsfreiheit auszusprechen. An dessen Schutzfähigkeit läßt das Gericht indes keinen Zweifel.

c) Eigene Stellungnahme zur negativen Rezipientenfreiheit

Schon aus systematischer Sicht spricht mit der grundsätzlichen Anerkennung negativer Grundrechtsgehalte einiges für die Existenz auch einer negativen Infor-

[32] Gesetz über die Rechtsstellung der Soldaten i.d.F.der Bek. v. 19.8.1975 — Soldatengesetz —.

mationsfreiheit[33]. Allein bei Art. 6 Abs. 2 GG ist deutlich, daß ein negativer Gehalt dieses Grundrechts nicht existiert. Man muß sich den vom Grundgesetz intendierten Typus der Kommunikation im Sinne eines freien „Wettbewerbs der Meinungen" vor Augen führen, um zu erkennen, daß der Zwang, bestimmte Meinungen oder Informationen aufzunehmen, diesem grundsätzlich fremd ist[34].

Art. 5 Abs. 1 S. 2 GG garantiert auch die Wahl der Information und der Informationsquelle[35]. Das Wahlrecht beinhaltet überdies (wie stets) den negierenden Akzent des Nichterwählens. Hieraus ergibt sich wiederum zwanglos das Recht, sich nicht informieren zu lassen: die negative Informationsfreiheit, die Freiheit von ungewollter aufgedrängter Information.

Wo der negativen Informationsfreiheit bislang die Anerkennung versagt wurde[36], geschah dies primär mit zwei Argumenten:

Nach verbreiteter Auffassung[37] gehört die Meinungsäußerungsfreiheit zum status activus. Sie erfahre Begrenzungen durch Gebote der Staatserhaltung. Ein durch *Kimminich* abgeleitetes[38] — und zweifelsfrei bestehendes — Recht auf freien Meinungsempfang dürfe nicht mit der Informationsfreiheit des Art. 5 Abs. 1 S. 2 GG verwechselt werden. Diese These bleibt indes unbewiesen. Die Meinungsäußerungsfreiheit wird zunächst dem status activus zugeordnet und sodann ihr materieller Gehalt aus dieser Standortbestimmung verortet. Der Begriff des status activus scheint danach die Rechtsfolgen nicht zu bezeichnen, sondern zu bestimmen. Zutreffend ist vielmehr, daß die Informationsfreiheit zumindest auch das Korrelativ zur Meinungsäußerungsfreiheit (deren Entsprechungsrecht) ist[39]. Warum die Informationsfreiheit aufgrund dieser Argumentation keinen negativen Gehalt haben soll, bleibt unklar.

Das zweite häufig gegen die negative Informationsfreiheit vorgetragene Argument besagt, daß die Anerkennung einer negativen Informationsfreiheit faktisch jeden Kommunikationsprozeß unterbinden könne[40]. Der Widerspruch eines einzigen Bürgers könne Reden, Vorträge, Predigten usw. verhindern[41]. Dies ist selbstverständlich nicht gewollt, und so wirkt dieses argumentum ad absurdum zunächst

---

33 Außer den oben angeführten wird die Existenz der negativen Informationsfreiheit beispielsweise auch von *Herzog*, M-D-H-S, Art. 5 Abs. 1, 2 Rdnr. 40, *Geck / Sroka*, JuS 1970, 347 ff., 350; *v. Münch*, GG, Art. 5 Rdnr. 12, 18, *v. Mangoldt-Klein-Starck*, Das Bonner Grundgesetz, Bd. 1, 3. Aufl. 1985, Art. 5 Rdnr. 27, deutlicher noch Rdnr. 136, anerkannt.

34 Zu den Bezügen dieses Gedankens zum Modell der entsprechungsrechtlichen Meinungskommunikation *Kloepfer*, Grundrechte, S. 64.

35 Zur freien Wahl der Quelle vgl. BVerfGE 15, 288, 295.

36 *Kimminich* a.a.O., (S. 59), *Faber*, oben S. 61), *Hoffmann-Riem* (oben S. 60).

37 Vgl. etwa *Degenhart*, a.a.O., Art. 5 Abs. 1 u. 2, Rdnr. 82 f.

38 In: Der Staat 3, S. 71.

39 Vgl. *Kloepfer*, Grundrechte, S. 60, *Hesse*, Verfassungsrecht, Rdnr. 393.

40 So etwa *Hoffmann-Riem*, a.a.O., Rdnr. 95 oder *Kimminich*, a.a.O., S. 73.

41 *Kimminich*, a.a.O., vgl. auch *Faber*, a.a.O., S. 64.

einleuchtend. Schon der zweite Blick verrät aber, wie wenig stichhaltig diese Argumentation ist. Sie setzt nämlich drei Umstände voraus, die nicht den Tatsachen entsprechen. Zunächst müßte die negative Informationsfreiheit schrankenlos gewährt sein, sodann im Kollisionsfall stets der Meinungsäußerungsfreiheit vorgehen und schließlich eine umfassende Drittwirkung entfalten. Keiner dieser Aspekte trifft selbstverständlich zu: Die Unterstellung der Schrankenlosigkeit ist ein Fehlschluß, mit dem jedes Grundrecht wegen evident unhaltbarer Ergebnisse aus dem Grundgesetz „herausargumentiert" werden könnte. Ebenso greifen die „Visionen" *Fabers*[42] nicht, nach denen jede Außenwerbung von vornherein wegen Verstoßes gegen die negative Informationsfreiheit (bei deren Anerkennung) verfassungswidrig wäre.

Verdient hat die negative Informationsfreiheit indes nicht eine derartige pauschale Ablehnung. Art. 5 Abs. 1 S. 2 GG gewährt auch sie. Die vom GG statuierte Freiheitlichkeit der Kommunikation kann nur dann Wirksamkeit erlangen, wenn auch die Entscheidung über die Teilnahme am Kommunikationsprozeß als Empfänger der Dispositionsbefugnis des Grundrechtsträgers unterliegt. Ebenso ist *Degenhart* zuzustimmen, wenn er einwendet, daß nur die Anerkennung der negativen Informationsfreiheit dem individualrechtlichen Gehalt des Grundrechts gerecht wird[43]. Wie im Bereich der negativen Meinungsäußerungsfreiheit[44] kann der objektivrechtliche (oder demokratische) Gehalt die individuelle Freiheit nur stützen, nicht aber modifizieren oder beschränken[45].

Mit der Existenz der negativen Informationsfreiheit wird die Struktur des Art. 5 Abs. 1 GG deutlich. Die Freiheitlichkeit der Kommunikation ist in allen Bereichen geschützt: Positive und negative Meinungsäußerungsfreiheit schützen den potentiellen Absender, die Informationsfreiheit, auch in ihrer negativen Erscheinung den Empfänger, den Rezipienten. Diese Elemente der Kommunikationsfreiheit i.w.S. ergeben im Zusammenwirken mit der Einbeziehung bestimmter Tatsachenkommunikationen[46] ein geschlossenes und in sich stimmiges System sich gegenseitig bedingender Freiheiten des Art. 5 Abs. 1 GG.

Die grundsätzliche Anerkennung der negativen Informationsfreiheit macht den Weg frei für die Frage nach den tatbestandlichen Grenzen des Schutzbereiches und der Schranken.

---

[42] A.a.O., S. 64.

[43] A.a.O., Rdnr. 286.

[44] Vgl. oben S. 25.

[45] *Merten*, VerwArch 73 (1982), 103 zitiert Hermann Stehr, Der Heiligenhof: „Laßt mich mit den Bekehrern in Ruh. Ihre leiblichen Brüder sind die Totschläger."

[46] Vgl. oben S. 21 f.

aa) Schutzbereich

Die negative Informationsfreiheit kann nicht schlicht als Umkehrung der positiven gedacht werden. Die positive Informationsfreiheit des Art. 5 Abs. 1 S. 2 GG schützt zunächst vor staatlichen Eingriffen, die private Informationsaktivitäten behindern oder vereiteln, die auf Informationen Dritter gerichtet sind. Dabei sind heute am ehesten inländische private Quellen (Zeitungen etc.) von praktischer Bedeutung[47]. Danach schützt Art. 5 Abs. 1 S. 2 GG insoweit den interpersonalen, entsprechungsrechtlichen Kommunikationsprozeß. Die einfache denklogische Umkehrung hiervon wäre der Schutz des Unterlassens einer Kommunikation unter Privaten. Schon weil die Informationsfreiheit aber primär staatsabwehrenden, individualrechtlichen Charakter hat, führt diese Bedeutungsumkehrung nicht zu einer schlicht umgekehrten Grenzziehung des Schutzbereiches des Art. 5 Abs. 1 S. 2 GG in seiner negativen Komponente. Vielmehr muß ein anderer Aspekt der Informationsfreiheit herangezogen werden. Nur wenn man nämlich die Informationsfreiheit auch als das Recht ansieht, staatliche Informationen zu empfangen[48], ist insoweit eine Umkehrung fruchtbar zu machen. Sodann definiert sich die negative Informationsfreiheit als die Freiheit vor (staatlicherseits) aufgedrängter Information[49]. Von diesem, gleichsam als Leitsatz anzusehenden, Befund ist bei der differenzierenden Schutzbereichsbestimmung auszugehen, wobei es sich um eine normale grundrechtliche Auslegung handelt.

Bei näherer Analyse ergibt sich, daß die negative Informationsfreiheit sowohl rechtlichem wie vor allem auch tatsächlichem Zwang zur Informationsaufnahme wehrt. Damit gibt sie dem einzelnen im Grundsatz die Verfügungsgewalt über seine Beeinflussung. Wie bei anderen Grundrechten auch reicht dabei eine bloße Belästigung nicht aus, um als Eingriff gewertet werden zu können. Konkret bedeutet dies für die negative Informationsfreiheit, daß nicht jede ungewollte Konfrontation mit einer Information in deren Schutzbereich eingreift. Dies würde in der Tat nicht nur jede notwendig ins Auge fallende Außenwerbung, sondern jede ungefragte Meinungsäußerung als prinzipiellen Verfassungsverstoß brandmarken. Insbesondere macht auch die Anerkennung der negativen Informationsfreiheit nicht die öffentliche Kommunikation mit optischen oder akustischen Mitteln faktisch unmöglich, wie dies z.T. befürchtet wird[50]. Diese Aussagen verkennen, daß eine gewisse Intensität der Informationsdurchdringung erforderlich ist, also nicht jedes „einer fremden Meinung ausgesetzt sein" per se als Eingriff in die negative Informationsfreiheit anzusehen ist[51].

---

47 Historische Intention war dabei nach den Erfahrungen des Dritten Reiches das Abhören ausländischer Sender.

48 Welches kaum beeinträchtigt sein wird und daher praktisch von verschwindender Bedeutung ist.

49 Vgl. auch *Degenhart,* a.a.O., Rdnr. 286.

50 *Hoffmann-Riem,* a.a.O. Rdnr. 95.

51 Vgl. dazu unten S. 68 f.

Welche Art von Zwang zur Information ist also vom Schutzbereich der negativen Informationsfreiheit erfaßt? Wohland[52] meint, es sei kaum möglich, zur Illustration des Problems ein Beispiel aus dem demokratischen Rechtsstaat zu finden und verweist insoweit auf die totalitäre Staatspraxis[53]. Richtig daran ist, daß für totalitäre Systeme eine Mißachtung der negativen Informationsfreiheit signifikant ist. Weniger scharfe Eingriffe sind indes auch im Rechtsstaat denkbar und vorhanden.

aaa) Rechtlicher Zwang

So ist — grundrechtseingreifender — rechtlicher Zwang gegeben, wenn an die Nichtaufnahme einer (staatlichen) Information Sanktionen geknüpft sind. Dieser Fall ist hinsichtlich seiner verfassungsrechtlichen Zulässigkeit relativ unproblematisch; es existieren zahlreiche Beispiele für einen derartigen rechtlichen Zwang zur Informationsaufnahme wie etwa die allgemeine Schulpflicht[54] oder die Vorladung zum Verkehrsunterricht (Nachschulung)[55]. Wer sich diesen Informationen zu entziehen sucht, muß mit Sanktionen rechnen[56]. Es liegt in beiden Fällen ein klarer Eingriff in den Schutzbereich der negativen Informationsfreiheit vor. Dieser ist indes jeweils als verfassungsgemäße Schranke zulässig[57].

Ein allgemeiner staatsbürgerlicher Pflichtunterricht wäre — schon wegen Verstoßes gegen das Übermaßverbot — dagegen bedenklich. Besonders interessant ist in diesem Zusammenhang das Beispiel des staatsbürgerlichen und völkerrechtlichen Unterrichts gem. § 33 SG[58]. Der hierin zu erblickende Eingriff beruht auf einer gesetzlichen Grundlage, ist durch den Verteidigungszweck gerechtfertigt[59]

---

52 A.a.O., FN 235.

53 Etwa den Runderlaß des Reichsministers des Inneren vom 11.6.1933 betreffend die Pflicht des Beamten zur Lektüre der NS-Presse außerhalb des Dienstes (zit. nach *Böttcher*, Die politische Treuepflicht, S. 146, FN 70).

54 Vgl. *v. Mangoldt-Klein-Starck*, GG, Art. 5 Rdnr. 136.

55 Etwa gem. § 2 a) Abs. 2 StVG — Straßenverkehrsgesetz — v. 19.12.1952 (BGBl. I S. 837) i.d.F. der Bekanntmachung v. 28.1.1987 (BGBl. I S. 486).

56 Ebenso besteht die Informationspflicht über staatliches Recht. Daher darf der Staat an einen vermeidbaren Verbotsirrtum die Strafbarkeit anknüpfen.

57 Die Vorladung zum Verkehrsunterricht ist bereits auf seine Vereinbarkeit mit der Verfassung hin untersucht worden (vorgesehen in § 6 der ehem. StVO v. 13.11.1937 [RGBl. I, S. 1179] i.d.F. v. 30.4.1964, §§ 10 Abs. 1 S. 2 Nr. 7 [heute Nr. 6], 45 Abs. 1 S. 1, 75 Abs. 2 S. 1 [heute weggefallen] JGG v. 4.8.1953 [BGBl. I, S. 751] i.d.F. v. 24.5.1968 [Daten in Klammern aus d. F. v. 11.12.1974]). Hierbei ist auf die negative Informationsfreiheit keinerlei Bezug genommen worden. Stattdessen wurden als Prüfungsmaßstab für die Verfassungswidrigkeit die ersichtlich sachferneren Anknüpfungspunkte der Freiheit der Person (Art. 2 Abs. 2 S. 2, 104 GG) oder die Freiheit der Persönlichkeitsentfaltung (Art. 2 Abs. 1 GG), sowie das Doppelbestrafungsverbot (Art. 103 Abs. 3 GG) herangezogen; vgl. BVerfGE 22, 21 (26); BVerwGE 6, 354 ff.; OVG Berlin, DöV 1956, 153 ff.; OLG Frankfurt, NJW 1956, 561 f.; Simon DVBl. 1955, 593 ff.

58 Gesetz über die Rechtsstellung der Soldaten in der Fassung der Bek. v. 19. August 1975, — Soldatengesetz —.

59 Vgl. BVerfGE 28, 282 (292).

(zumal im Sonderstatus des Soldaten) und erfüllt die Anforderungen des Verhältnismäßigkeitsprinzips durch die Festlegung auf einen ausgewogenen Unterricht.

bbb) Tatsächlicher Zwang

Problematischer ist die Grenzziehung im Bereich der Maßnahmen, die in die negative Informationsfreiheit durch tatsächlichen Zwang eingreifen. Es bestehen viele tatsächliche Möglichkeiten, dem einzelnen eine Meinung (oder Information) aufzudrängen. Viele davon beeinträchtigen schon die negative Informationsfreiheit, andere sind aufgrund bestimmter qualitativer Merkmale noch nicht als Eingriffe zu werten.

Dabei kommt dem Kriterium „Unentrinnbarkeit“[60] als wichtiges Abgrenzungskriterium eine besondere Bedeutung zu. Dieses Kriterium beschreibt bereits ein Wesentliches des Schutzbereiches. Es kennzeichnet ihn aber nicht umfassend. Einerseits sind durchaus „unentrinnbare“ Informationen denkbar, denen ausgesetzt zu sein durchaus zumutbar ist und die keinen Eingriff in die negative Informationsfreiheit darstellen. So kann man schon dem „Guten Tag“ eines entgegenkommenden Passanten nicht ausweichen. Entsprechendes gilt für Kirchengeläut, Sirenengeheul, aber u. U. auch auch für optische Informationen.

Andererseits bestehen auch nicht völlig unentrinnbare Informationen, die gleichwohl die Freiheit vor ungewünschter aufgedrängter Rezeption verletzen können. Irgendeine Ausweichmöglichkeit (und sei es der Verzicht auf die Inanspruchnahme) wird es oftmals geben. Daher kann eine aufgedrängte Information für den Rezipienten auch ohne „Unentrinnbarkeit“ einen Eingriff in die negative Informationsfreiheit darstellen, wenn das Ausweichen nicht zumutbar ist. Die „Unentrinnbarkeit“ muß man daher als wichtiges, nicht aber als einziges, Tatbestandsmerkmal der negativen Informationsfreiheit betrachten.

Deutlicher wird die Grenzziehung, wenn man das Stadium des Kommunikationsprozesses hinzuzieht. Dabei ist zwischen dem „Ansprechen“ und dem „Aussprechen“ zu unterscheiden[61]. Das „Ansprechen“ im Sinne der Ergreifung der Kommunikationsinitiative ist ein wesentlicher, nicht fortdenkbarer Bestandteil der Meinungsäußerungsfreiheit. Es wird auch von der positiven Informationsfreiheit in der Variante der (passiven) Meinungsempfangsfreiheit[62] vorausgesetzt. Dieser Aspekt ist besonders für staatliche Informationen von Bedeutung, da diese nicht die Gewährleistung des Art. 5 Abs. 1 S. 1 GG für sich in Anspruch nehmen können. Diese Kontaktaufnahme signalisiert den Kundgabewillen und bietet so überhaupt erst die Möglichkeit, einen negativen Rezipientenwillen zu zeigen.

---

[60] *Degenhart,* a.a.O., Rdnr. 286, siehe auch *Kloepfer,* Grundrechte, S. 66.

[61] Vgl. *Kloepfer,* Grundrechte, S. 66.

[62] Nicht dagegen von der (aktiven) Meinungsverschaffungsfreiheit.

Die negative Informationsfreiheit verhindert somit das „Ansprechen" nicht, sondern setzt es voraus. Erst das „Aussprechen" gegen den Willen des Empfängers (die erzwungene Aufmerksamkeit) beeinträchtigt dessen Grundrecht. Dies gilt grundsätzlich auch dann, wenn bereits mit dem „Ansprechen" bereits die gesamte Information geliefert wird. Obwohl der Information damit regelmäßig nicht auszuweichen ist, verstößt sie unter normalen Umständen nicht gegen die negative Informationsfreiheit.

Wann die Grenze vom zulässigen spontanen „Ansprechen" zum unzulässigen „Aussprechen" und abgenötigter Aufmerksamkeit überschritten ist, ist je nach Kommunikationsweg verschieden.

Der akustische Reiz erzwingt wegen seiner weitgehenden Unentziehbarkeit (oder eben „Unentrinnbarkeit") allgemein über das „Ansprechen" hinaus Aufmerksamkeit, solange er deutlich wahrnehmbar ist. Regelmäßig ist beim Menschen eine Unfähigkeit anzutreffen, sich dem Informationsgehalt einer akustischen Beeinflussung zu entziehen, also Hörbares zu überhören. Dabei ist selbstredend nur der informative akustische Reiz gemeint. Unartikulierte Geräusche ohne kommunikativen Gehalt (Lärm) unterfallen der negativen Informationsfreiheit nicht[63]. Vor ihnen mag ein Schutz aus Art. 2 Abs. 1 GG[64] oder 2 Abs. 2 GG[65] bestehen. Durch diese tatsächlichen Umstände wird der Kommunikationsprozeß mit dem Einsatz akustischer Mittel weitgehend durch den Absender der Information einseitig beherrschbar. Wenn der Empfänger der akustischen Informationsquelle nicht, wie etwa bei einem fahrenden Lautsprecherwagen, ohne weiteres ausweichen kann, ist die Grenze des „Ansprechens", hin zum die negative Informationsfreiheit verletzenden „Aussprechen" überschritten. Die informative Berieselung (Nachrichten und Werbung) im Pollak-Fall[66] stellt eindeutig bereits eine Verletzung dieses Grundrechts dar[67].

Optische Informationsangebote sind tendeziell anders zu bewerten, da ihnen typischerweise leichter ausgewichen werden kann als akustischen Reizen. Das Wegsehen ist eben erheblich leichter als das Weghören. Eine Aufmerksamkeitserzwingung wie bei akustischen Informationen ist schon technisch viel schwerer möglich, da der Angesprochene wegsehen kann, ein Plakat etwa nicht zu Ende lesen braucht. Dies gilt grundsätzlich auch, wenn die gesamte Information mit dem ersten Blick erkannt wird. Die optische Außenwerbung selbst verletzt das Grundrecht auf negative Informationsfreiheit somit in der Regel nicht[68].

---

63 Vgl. auch *Kimminich,* a.a.O., S. 73.

64 *Kimminich,* vgl. oben S. 59.

65 *Hoffmann-Riem,* oben S. 60.

66 Vgl. oben S. 58.

67 Zu dem Ergebnis der Verfassungswidrigkeit gelangen im übrigen auch die Autoren, die sich mit diesem Fall befassen, die negative Informationsfreiheit aber nicht anerkennen. vgl. z. B. *Hoffmann-Riem,* a.a.O., *Faber,* a.a.O., S. 62 ff.

68 Insoweit im Ergebnis zutreffend *Hoffmann-Riem,* AK-GG, Art. 5 Abs. 1 /2Rdnr. 95.

Dennoch kann auch bei besonders intensiven, sloganartigen Informationen auf optischem Wege ein Eingriff in diese Freiheit in Betracht kommen. Allerdings ist dafür eine erhebliche Intensität des Eindringens der Information erforderlich. In Betracht kommen hier insbesondere Formen der subliminalen Werbung[69].

ccc) Folgerungen

In Bezug auf die zu untersuchenden Warnhinweise ist dabei folgendes festzustellen: Die staatliche Warnung auf den Werbeplakaten ist bei isolierter Betrachtung zwar schon als aufgedrängte Information zu werten, sie betrifft aber den Schutzbereich der negativen Informationsfreiheit noch nicht, da es an einem „unentrinnbaren Aufdrängen" in diesem Sinne fehlt. Der Rezipient hat — auf den ersten Blick — grundsätzlich die Möglichkeit, sich der Information zu entziehen, indem er das Plakat nicht zur Kenntnis nimmt oder den Warnhinweis nicht liest.

Freilich darf dabei nicht verkannt werden, daß die Wirkungsintensität der Warnhinweise in der Plakat- und Pressewerbung gerade auf ihrer Summierung mit jenen nach der Etikettierungsrichtlinie beruhen würde. Der Bürger soll eben lückenlos dergestalt erreicht werden, daß er bei jedem Kontakt mit dem Produkt Zigarette oder der Werbung hierfür zugleich (zumindest unterbewußt) auch schreckende Warnungen davor aufnimmt. Wenn auch die Warnhinweise in der Werbung als solche noch nicht die erforderliche Intensität an Unentrinnbarkeit erreichen, so ist es doch die Akkumulationswirkung allgegenwärtiger Warnhinweise, die zur völligen Unentrinnbarkeit führt. Hierzu tragen auch die vorgesehenen Hinweise in der Tabakwerbung bei.

Anders stellt sich die Situation bei den ebenfalls projektierten Warnhinweisen auf den Zigarettenpackungen selbst dar. Hier wird der Konsument in der Tat faktisch gezwungen, die Warnhinweise aufzunehmen; die Unausweichlichkeit ist gerade intendiert. Immer wenn der Konsument mit dem Tabakprodukt in Kontakt kommt, ist er auch gezwungen, die Warnhinweise aufzunehmen. Hierzu wird er

a) durch die Anbringung auf beiden Hauptseite einer Packung,

b) durch die Schriftgröße und

c) durch den kontrastierenden Untergrund veranlaßt.

Diese Modalitäten dienen ausgesprochenerweise gerade dazu, ein Ausweichen unmöglich zu machen[70]. Die Warnhinweise in der von der Richtlinie für die

---

[69] Vgl. dazu auch *Kloepfer*, Grundrechte, S. 67 f.

[70] Zu den damit verbundenen Einwirkungen auf die innere Meinungsbildung siehe unten S. 75 f.

Tabaketikettierung vorgesehenen Form sind daher bereits als solche Träger einer unentrinnbaren Information.

Hinzu kommt ein weiterer Aspekt. Sieht man von apokalyptischen Visionen wie einem *Orwell'* schen Auge ab, so hat der Staat kaum eine Möglichkeit, dem Bürger mit seinen Informationen in dessen Privatsphäre zu folgen. Dies aber wird mit den vorgesehenen Warnhinweisen auf Zigarettenpackungen bezweckt und auch erreicht. Selbst in den eigenen vier Wänden wird ein Wegsehen (oder Abschalten) unmöglich gemacht: ... (die Warnung) ... darf nicht entfernbar sein[71]. Hier spielt ersichtlich auch die Wertung des Art. 13 GG hinein[72]. Auch das Persönlichkeitsrecht im Sinne eines Schutzes der Privatsphäre und insbesondere der engeren Persönlichkeitssphäre[73] erscheint hier evident tangiert. Daher muß man die geplanten Warnhinweise, jedenfalls jene auf den Zigarettenpakkungen, als Eingriff in den Schutzbereich der negativen Informationsfreiheit ansehen. In der Summe aller geplanten Warnhinweise wird dieses Ergebnis noch potenziert.

ddd) Kritik

In den Beispielen, die regelmäßig für das Nichtbestehen der negativen Informationsfreiheit vorgebracht werden[74], ist der Bürger in aller Regel einer privaten — oder kommerziellen, jedenfalls nicht staatlichen — Meinungsäußerung oder Information ausgesetzt[75]. Mithin ist in den diskutierten Fällen der Aspekt der Drittwirkung der Grundrechte[76] zu beachten. Legt man dabei die herrschende Konzeption der (nur) mittelbaren Drittwirkung der Grundrechte zugrunde[77], ergibt sich für das Spannungsfeld zwischen privatem Mitteilungsbedürfnis und dem Wunsch, eine Information nicht aufzunehmen, ein weitaus differenzierteres Bild als dies z.T. suggeriert wird. So ist etwa bei massiven Werbeäußerungen, die nach der hier vertretenen Konzeption grundsätzlich auch das Recht auf negative Informationsfreiheit tangieren können, die Zulässigkeit im Rahmen der zivil- und wettbewerbsrechtlichen Generalklauseln zu untersuchen. Dabei muß zwischen den betroffenen Rechten des Informierenden (etwa der Meinungsäuße-

---

[71] So noch Art. 4. Abs. 4 S. 3 des Richtlinienvorschlages KOM (88) 845 endg. — SYN 116, Abl. Nr. C 62/15 v. 11.3.1989.

[72] Der Einwand, dem Bürger stünde es frei, die Zigarettenpackung nicht in seinen häuslichen Bereich zu verbringen oder sie überhaupt nicht erst zu erstehen, kann dabei nicht ernstlich vorgebracht werden. Es ist dies ein Beispiel, wo eine theoretische Lücke in der Unentrinnbarkeit an der Qualität als Grundrechtseingriff nichts ändert.

[73] Vgl. *Schmitt Glaeser*, Schutz der Privatsphäre, in: *Isensee / Kirchhof* (Hg.), Hb. d. StaatsR, Bd. VI, 1989, S. 41 ff., 57.

[74] Etwa daß Außenwerbung oder öffentliche Rede verhindert werden könnten.

[75] Z.B. bei *Kimminich*, a.a.O.

[76] Nachweise zum Problemkreis bei *Dürig*, in M-D-H-S, GG, Art. 1 Abs. 3 vor Rdnr. 127.

[77] Vgl. *Dürig*, a.a.O., Rdnr. 131, BVerfGE 7, 198 (204 ff.).

rungsfreiheit nach Art. 5 Abs. 1 S. 1 GG) und des Informationsrezipienten[78] eine Abwägung getroffen oder besser: ein schonender Ausgleich gefunden werden. Dabei mag man im Grundsatz von einer Vermutung für die Zulässigkeit der Information ausgehen („Vermutung der freien Rede“[79]). Ein interessanter Aspekt ergibt sich für die durch Private aufgezwungene und zudem unwahre Information. Nach der Rechtsprechung des BVerfG kann der Verbreiter einer unwahren Tatsacheninformation grundsätzlich nicht den Schutz des Art. 5 Abs. 1 S. 1 GG für sich in Anspruch nehmen[80]. Bei der Abwägung zwischen Privaten spricht daher einiges für das Recht, ungewollte und unwahre Tatsachenbehauptungen abwehren zu dürfen[81].

Bei den hier zu untersuchenden projektierten Warnhinweisen wird dagegen zwar ein privates Medium (die Zigarettenpackung oder das Plakat) benutzt. Die Information ist dagegen originär eine staatliche, die unter Inanspruchnahme privater Mittel verbreitet wird. Sie muß aber als staatliche Information erkennbar sein[82]. Die Warnhinweise sind daher unmittelbar am Grundrecht der negativen Informationsfreiheit nach Art. 5 Abs. 1 S. 2 GG zu überprüfen. Ein Fall der Drittwirkung von Grundrechten liegt insoweit der Sache nach nicht vor. Der Staat benutzt die durch ihn verpflichteten Zigarettenhersteller als Instrumente; er muß sich das erzwungene Handeln also selbst zurechnen lassen.

bb) Schranken

Mit der Feststellung, daß die vorgesehenen Warnhinweise in den Schutzbereich der negativen Informationsfreiheit eingreifen, ist allerdings noch nicht das endgültige verfassungsrechtliche Verdikt über diese Regelung gesprochen, weil sie als Grundrechtsbeschränkung zulässig sein kann. Der Hinweiszwang muß als Eingriff in die Informationsfreiheit oder eine andere der Teilgarantien des Art. 5 Abs. 1 GG allerdings die Anforderungen des Art. 5 Abs. 2 GG als einschlägige Schrankenregelung erfüllen.

Aus der Erkenntnis, daß Meinungsäußerungsfreiheit und Informationsfreiheit zwei Pole eines entsprechungsrechtlichen kommunikativen Prozesses sind[83], ergibt sich, daß auch Beschränkungen grundsätzlich an beiden Polen zugleich — wenn auch nicht notwendig in gleicher Intensität — wirken. Daraus ergeben sich

---

[78] Dabei ist eben auch die negative Informationsfreiheit zu beachten.

[79] Vgl. BVerfGE 7, 198 (208); 12, 113 (124 f.), aber auch E 61,1 (8).

[80] BVerfGE 12, 113 (130), 54, 208 (219).

[81] Wo für einen möglichen Rechtsschutz dabei anzuknüpfen ist, kann dabei offenbleiben. vgl. z. B. *Götzfried*, a.a.O., S. 1963.

[82] Vgl. oben S. 28; Sollte der staatliche Urheber nicht erkennbar sein und der Warnhinweis damit nach der hier vertretenen Auffassung einen Verstoß gegen die qualifizierte negative Meinungsäußerungsfreiheit darstellen, ändert dies hieran selbstverständlich nichts. Auch dann ist ein Eingriff möglich.

[83] Vgl. oben S. 21.

vergleichbare Beschränkungsmöglichkeiten für beide Ausprägungen verfassungsgeschützter freier Kommunikation. Daher läßt sich eine für die (negative) Meinungsäußerungsfreiheit gewonnene Abgrenzung zulässiger Schranken prinzipiell auch für die negative Informationsfreiheit nutzbar machen. Wiederum ist ein „allgemeines Gesetz" i. S. d. Art. 5 Abs. 2 GG erforderlich, welches inhaltlich durch vorrangige Rechtsgüter gerechtfertigt und an den Kriterien des rechtsstaatlichen Verhältnismäßigkeitsgrundsatzes orientiert sein muß. Auch hier kann eine im übrigen verfassungsmäßige Regelung des Gesundheitsschutzes grundsätzlich eine zulässige Schranke darstellen.

Die Konsequenz daraus könnte lauten, daß dem Staat die Möglichkeit eröffnet wird, dem Bürger auch dann die Kenntnisnahme gesundheitsorientierter Meinung aufzuzwingen, wenn nicht die Gesundheit anderer, sondern allein die Gesundheit des Rezipienten betroffen wäre[84]. Absolute Grenze wäre aber auch dann bei informativen Warnungen das rechtsstaatliche Kriterium der Wahrheit[85]. Selbst wenn der Bürger es also als Einschränkung seines Grundrechts auf negative Informationsfreiheit hinnehmen müßte, finaler staatlicher Beeinflussung nicht entrinnen zu können, so kann er dennoch bewußt unwahre Aussagen abwehren. Eine andere Sicht der Dinge würde in letzter Konsequenz die (tatsächlich oder rechtlich) erzwungene Aufnahme staatlicher „Lügenpropaganda" verfassungsrechtlich legitimieren, wenn sie nur guten Zwecken dienen würde. Allgemeine Gesetze als Schranke der negativen Informationsfreiheit können nie den Zwang zur Aufnahme unwahrer Informationen legitimieren[86].

In unwahren Äußerungen des Staates bzw. staatlich erzwungenen entsprechenden Äußerungen Privater kann im übrigen auch insoweit eine Verletzung der Informationsfreiheit gesehen werden, als hierdurch eine wesentliche Funktion dieses Grundrechts — Teilhabe an demokratischer Kontrolle durch wahrheitsgemäße Information[87] (zur Sicherung rationaler Herrschaft) — praktisch (durch das Element erzwungener Unwahrheit) blockiert wird. Zwischen der Informationsfreiheit und dem Demokratieprinzip bestehen enge Beziehungen. Das rezeptive Grundrecht der Informationsfreiheit ist der Meinungsäußerungsfreiheit in gewissem Sinne vorgeschaltet, da eine (eigene) Meinungsäußerung nicht ohne Meinungsbildung und letztere in vernünftiger Weise nicht ohne Informations(freiheit) denkbar ist[88]. Berücksichtigt man sodann den für die Demokratie essentiellen Wert eines freien Kommunikationsprozesses, wird ersichtlich, daß auch aus Rezipientensicht eine staatliche Einwirkung mit Unwahrheit niemals eine zulässige Begrenzung einer umfassend verstandenen Meinungsfreiheit sein kann.

---

[84] Allerdings ist auch dabei zu bedenken, daß in einem Sozialstaat individuelle Gesundheitsbeeinträchtigungen auch kollektive (soziale) Folgen verursachen können.

[85] Vgl. oben S. 41.

[86] *Scholz* Europäisches Gemeinschaftsrecht, S. 69.

[87] Vgl BVerfGE 27, 71 (81 ff.), dazu etwa *Bleckmann*, Grundrechte, S. 681 f.

[88] Vgl. *Herzog*, in: M-D-H-S, GG, Art. 5, Rdnr. 83, *Lerche*, Informationsfreiheit, in: Ev. Staatslexikon.

cc) Informationsfreiheit als Leistungsrecht?

Darüber hinaus wäre zu erwägen, ob nicht die Informationsfreiheit des Art. 5 Abs. 1 S. 1, 2. Alt. GG auch leistungsrechtliche Aspekte beinhaltet[89]. Zutreffend ist dabei, daß der Staat unter bestimmten Voraussetzungen verpflichtet ist, seine Bürger zu informieren[90]. Zwar ist hieraus keine Staatspflicht abzuleiten, nach der der Staat die Bürger über mögliche Gefahren des Rauchens umfassend aufklären müßte. Selbst wenn dies — was unwahrscheinlich ist — der Fall wäre, müßte davon ausgegangen werden, daß der Staat seiner etwaigen Informationspflicht ausschließlich dann in verfassungskonformer Weise nachkommt, wenn er wahrheitsgemäß informiert.

Bei der Frage, ob staatliche Informationen, Warnungen und Appelle eine Leistung oder ein Eingriff sind[91], muß man indes hinsichtlich der Zielrichtung und des Warnungsobjektes differenzieren. Eine allgemeine Beratung des Bürgers, etwa in Fragen des umweltfreundlichen oder gesundheitsschonenden Verhaltens — z. B. mit Hinweisen über richtige (umweltschonende) Fahrweise, Wärmeisolierung oder Ratschlägen zu gesundheitsbewußter Ernährung — stellt zunächst eher eine leistende Maßnahme dar[92]. Insgesamt erscheinen staatliche Informationen, soweit sie produktbezogene Verbraucherinformationen sind, indes eher als ein Eingriff in die freie Kommunikation (und gegebenenfalls in wirtschaftliche Grundrechte), die allerdings durch andere, außerhalb des Art. 5 GG liegende Gründe gerechtfertigt sein kann. Erst recht gilt dies freilich für Warnungen, die (wie die geplanten Warnhinweise für Zigaretten) nicht primär der sachlichen Information, sondern der unterbewußten Motivation durch permanentes Einwirken mit schreckenden Warnhinweisen. Staatliche Leistungen mit Bezug zur Meinungs- und Informationsfreiheit dürften typischerweise kein Ausfluß des Art. 5 GG sein, sondern in ihrer Intention politische Maßnahmen, die dem objektiven Gehalt der Kommunikationsgrundrechte gerecht werden müssen. Art. 5 GG gibt in diesem Bereich nicht die Maßstäbe für das „Ob", sondern für das „Wie" vor[93]. Auch bei seinen informierenden Tätigkeiten muß der Staat in rechtsstaatlich einwandfreier Weise vorgehen. Unwahre „Informationsleistungen" können diesem Aspekt von vornherein nicht gerecht werden.

---

89 Zu leistungsrechtlichen Inhalten der Grundrechte allgemein: *Breuer,* in: Verwaltungsrecht zwischen Freiheit, Teilhabe und Bindung, S. 89 ff., m. w. N.

90 Vgl. *Kloepfer,* Information als Intervention; *Scholz,* Informationspolitik des Bundeskartellamts und Informationsrecht der Öffentlichkeit, NJW 1973, 481 ff.

91 Vgl. dazu *Kloepfer,* Umweltrecht, § 4, Rdnr. 155.

92 Zu einseitig ist jedoch die Zuordnung bei *Storm,* Umweltrecht, 3. Aufl. 1988, S. 52; vgl. *Kloepfer,* Umweltrecht, § 4, Rdnr. 151

93 *v. Mangoldt / Klein / Starck,* GG, Art. 5, Rdnr. 14.

2. Innere Gehalte der Geistes- und Meinungsbildungsfreiheit

Von der negativen Informationsfreiheit als Abwehrrecht gegen ungewollte Information ist eine „innere" Meinungsbildungsfreiheit zu unterscheiden. In diesem Bereich sind Möglichkeiten zu diskutieren, in denen das Individuum einer Beeinflussung ausgesetzt ist, die auf sein Unterbewußtsein abzielt. Der grundgesetzliche Schutz dieser Phase der „inneren" Bildung einer Meinung bedeutet vor allem die Garantie der Unverletzlichkeit des menschlichen Meinungsbildungsmechanismus. Eine evidente Verletzung dieses Rechts und zugleich eine Verletzung des Menschenwürdegehalts des Art. 5 Abs. 1 S. 1 GG wäre in apokalyptischen Formen der Manipulation, beispielsweise der „Gehirnwäsche" oder einer hirnelektrischen Einwirkung zu sehen. Auch subliminale Werbungs- oder Propagandaformen (der Empfänger der Botschaft kann den Akt der Übertragung nicht bemerken, so etwa bei nur subliminal wahrnehmbaren Elektronenblitzen in Kinos) sind unter diesem Gesichtspunkt als verfassungswidrig anzusehen[94].

Allerdings geben diese Erkenntnisse noch nicht ohne weiteres eine Antwort auf die hier vorliegende Fragestellung. Zwar sollen die projektierten Warnhinweise durch ihre Formulierung suggestiv auf das Unterbewußtsein der Konsumenten einwirken. Gewollt ist z.T. nicht die objektive Information über bestehende Gefahren, sondern die Erzielung eines abschreckenden Angstgefühls. Die Warnungen (und der beabsichtigte Zweck) können aber durch den Rezipienten bewußt gemacht werden. Der ausschlaggebende Aspekt — und zugleich das Abgrenzungskriterium zur unzulässigen subliminalen Beeinflussung — ist das formelle Merkmal, ob die Bewußtseinsschwelle übersteigbar bleibt. Inhaltliche Faktoren, wie das Ansprechen unterbewußter Gefühle, Ängste und Wünsche, sind dabei im Rahmen innerer Gehalte der Kommunikationsfreiheit unbeachtlich. Dies gilt — obgleich insoweit nicht Art. 5 GG in Anspruch genommen werden kann — auch für Warnungen und Appelle des Staates[95].

Gleichwohl ergeben sich schwerwiegende verfassungsrechtliche Einwände: Der Staat sucht mit seinen Hinweisgeboten im Kern keine kritische Auseinandersetzung mit dem Rezipienten, sondern baut letztlich auf die Methode des Überzeugungszwanges durch permanente Wiederholung auf Dauer faktisch unentrinnbar aufgezwungener Informationen. Es wird weniger auf die Überzeugungskraft des in den Aufdrucken enthaltenen Arguments als solchem gebaut, sondern auf die Wiederholung ohne Unterlaß nach dem Motto: Steter Tropfen höhlt den Stein. Für einen Raucher kann dies bedeuten, daß er Dutzende Male täglich diesen Informationen faktisch ausgesetzt ist. Ob diese Holzhammer-Methode überhaupt

---

94 *Kloepfer*, Grundrechte, S. 68, *Eichmann*, GRUR 1964, S. 57 ff., 67; unter dem Gesichtspunkt der Menschenwürde vgl. auch *Dürig*, in: M-D-H-S, Art. Art. 1 Abs. 1 GG, Rdnr. 35.

95 Vgl. oben S. 31; dazu auch *Kloepfer*, Umweltrecht, § 4, Rdnr. 155; *Ossenbühl*, Umweltpflege, S. 34 ff.

Bestandteil einer zulässigen staatlichen Informationspolitik sein kann, ist mehr als fraglich. Der Bürger wird nicht als mündiges Subjekt, sondern als Objekt — als auszuhöhlender Stein — benutzt. Letztlich baut der Staat hier auf den Meinungsoktroi durch faktische Entmündigung seiner Bürger.

Erschwerend muß zusätzlich wirken, daß letztlich psychologische Überzeugungsformen verwandt werden, die sich gar nicht mehr auf die bewußte, sondern sich auf die periphere Wahrnehmung verlassen. Wenn ein Raucher vielfach raucht, wird er sich nicht jedesmal bewußt mit den inhaltlichen Aussagen des Warnhinweises beschäftigen. Er wird vielmehr zur Zigarette greifen und dabei den — unentrinnbar angebrachten — Warnhinweis nur peripher, unbewußt wahrnehmen. Er ist damit in einer ähnlichen informationellen Opferlage wie bei der subliminalen Werbung. Es wird naturgemäß gerade nicht auf die bewußte Auseinandersetzung mit der peripher wahrgenommenen Information gebaut, sondern auf das ungehinderte Einfließen in die Gedankenwelt des Rezipienten, ohne daß dieser sie dem Filter seiner eigenen Meinungsakzeptanz unterwirft (obwohl er dies — theoretisch — könnte). Schon wegen ihrer Unwiderstehlichkeit der Meinungsrezeption sind die vorgesehenen Warnhinweise verfassungswidrig.

B. Art. 2 Abs. 1 GG, Allgemeine Handlungsfreiheit

Weiterhin ist eine Beeinträchtigung der allgemeinen Handlungsfreiheit der Konsumenten durch die Hinweiszwänge nicht ausgeschlossen. Ziel der verschärften Warnhinweise ist es, ein bestimmtes Verhalten des Bürgers (das Nichtrauchen) zu erreichen, ohne auf die scharfe Klinge eines Verbotes zurückzugreifen. Daß ein generelles Verbot des Rauchens Grundrechte — insbesondere die allgemeine Handlungsfreiheit des Art. 2 Abs. 1 GG — tangieren würde, kann wohl auch angesichts der gegenwärtigen Polarität der Diskussion als unbestreitbare Tatsache angesehen werden[96]. Das Rauchen gehört, auch wenn seine Risiken bekannt sind, zum Bereich der privaten Lebensführung. Mag diese Form der individuellen Konsumgestaltung auch von einem Teil der Bevölkerung als unvernünftig angesehen werden, so ist sie doch gleichsam von Art. 2 Abs. 1 GG umfasst[97]. Daß im Einzelfall Einschränkungen dieser Ausprägung des Grundrechtes zulässig sein können (etwa zum Schutz der Rechtsgüter Dritter) ist inzwischen rechtlich weitgehend gesichert[98]. Dies unterscheidet den konkreten Fall nicht von anderen Fällen des Aufeinandertreffens von Grundrechten verschiedener Träger.

---

96 BGHZ 79, 111 (115), *Scholz*, DB Beil. 10/79, *ders.*, JuS 1976, 232 ff.

97 Wenn auch nicht vom „Absolut geschützten Kern privater Lebensgestaltung", welcher jeder staatlichen Einwirkung entzogen ist, vgl. BGHZ 79, 111 (115).

98 Vgl. zu diesem Komplex etwa *Kaiser*, NJW 1975, 2237 ff.; *Schmidt*, NJW 1976, 358 ff., *Scholz*, JuS 1976, 232 ff.; OLG *Stuttgart*, NJW 1974, 2014.

Die Frage, ob ein generelles Verbot des Rauchens verfassungsrechtlich als zulässige Einschränkung der Freiheitsrechte des Konsumenten zu rechtfertigen wäre, bedarf indes hier keiner abschließenden Erörterung[99]. Vielmehr verzichtet der Staat mit den von ihm vorgegebnen Warnhinweisen auf das restriktive Mittel des Verbotes und wendet subtilere Mittel der Verhaltenssteuerung an. Entfällt damit aber auch im Hinblick auf die Tabakkonsumenten der Grundrechtseingriff?

Es ist evident, daß solche Warnhinweise — gleichgültig wie sie ausgestattet sind — nicht unmittelbar im Sinne eines klassischen Restriktionseingriffes die allgemeine Handlungsfreiheit des Art. 2 Abs. 1 GG beeinträchtigen können. Andererseits liegt es aber auch auf der Hand, daß die staatliche Beeinflussung des Bürgers nicht schrankenlos zulässig sein kann.

Zum Zweck der Verhaltenssteuerung seiner Bürger greift die moderne Staats- und Verwaltungspraxis auf verschiedene Methoden zurück, die sich primär durch ihre Eingriffsschärfe voneinander unterscheiden. Relevant sind im hiesigen Zusammenhang dabei imperative, influenzierende und informative Maßnahmen[100].

Der klassische rechtliche Steuerungsmechanismus ist dabei, wie festgestellt, das Ver- oder Gebot. Diesen imperativen Maßnahmen kommt unmittelbare Rechtsverbindlichkeit zu[101]. Wird hierdurch der individuelle Freiraum des einzelnen begrenzt — und das ist typischerweise der Fall —, liegt auch eine Grundrechtsbeschränkung vor.

Schwieriger liegt der Fall bereits bei der zweiten Gruppe, den influenzierenden Maßnahmen. Dabei „belohnt" oder „bestraft" der Staat ein bestimmtes Verhalten mit Vor- oder Nachteilen, wie z. B. durch Subventionen oder Fehlbelegungsabgaben. Denkbare Beispiele für eine solche Verhaltenssteuerung der Tabakkonsumenten wären etwa differenzierte Krankenkassenbeiträge (die sich aber wegen der mangelnden Nachprüfbarkeit als untauglich darstellen). Auch diese Form der Verhaltenssteuerung kann Grundrechte tangieren[102].

Mit den in Richtlinie und Entwurf projektierten Warnhinweisen geht der Staat den dritten Weg der informativen Maßnahmen, der grundsätzlich am schwersten zu steuern ist. Hierbei macht man den Adressaten bestimmte Informationen zugänglich, um ein erwünschtes Verhalten zu erreichen. Gerade im Gesundheits- und Umweltschutz greift der Staat immer häufiger zu diesen Steuerungsmechanismen[103]. Die typischen Mittel sind dabei staatliche Warnungen, Empfehlungen

---

99 Vgl. aber *Scholz*, DB Beil. 10/79, S. 15.

100 Die sog. koordinierenden Maßnahmen, sowie die sog. Planungsinstrumente sind in diesem Zusammenhang mangels Relevanz nicht zu erörtern, vgl. aber *Kloepfer*, Umweltrecht, S. 99 ff.

101 *Kloepfer / Malorny*, Öffentliches Recht, S. 145.

102 Vgl. BVerfGE 67, 256 ff. = NJW 1985, 37 ff.

103 Vgl. *Kloepfer*, Umweltrecht, S. 162 ff.

und Appelle. Daß sich diese informationellen Instrumente für den mittelbar betroffenen Hersteller als Eingriff darstellen können, wurde bereits festgestellt[104].

Die Frage ist, ob eine entsprechende Wirkung auch in Bezug auf den Adressaten der staatlichen Information besteht: Ist die Empfehlung für den Informationsrezipienten ein „kleines Gebot“, die Warnung ein „kleines Verbot“? Zur Beantwortung dieser Frage ist hinsichtlich der Qualität der Warnungen und Empfehlungen näher zu differenzieren. Eine rein sachliche Information über tatsächlich bestehende Risiken kommt einem Ver- oder Gebot (für den Adressaten) regelmäßig nicht gleich und stellt hierzu auch kein „wesensgleiches (oder wesensähnliches) Minus“ dar. Dem Bürger verbleibt die freie Entscheidung, ob er sein Verhalten entsprechend der staatlichen Information (oder Meinung) ausrichten will. Anders stellt sich die Situation aber wohl dann dar, wenn durch die Warnung oder Empfehlung ein massiver psychischer Zwang ausgeübt wird. Schafft der Staat eine Atmosphäre der Angst, um den Bürger wirksam von einem bestimmten Verhalten abzuhalten, so ist die Entscheidungsfreiheit des Grundrechtsträgers faktisch nicht mehr unbegrenzt gegeben. Ebenso wirkt eine staatliche Information, die ein bestimmtes Verhalten sozial ächtet. Erreicht eine staatliche Informationspolitik, daß einzelne Handlungen als etwas gesellschaftswidriges, „asoziales“ angesehen werden, so muß der Einzelne, wenn er sich gleichwohl in der entsprechenden Weise betätigen will, eine ähnliche Schwelle wie bei einen konkreten Verbot überwinden.

Dies mag in bestimmten Konstellationen u. U. legitim sein. Andererseits liegt es auf der Hand, daß derart angst- und ächtungsschürende Informationen nicht zu jedem gewünschten Zweck zulässig sein können.

Erinnert sei in diesem Zusammenhang an das Beispiel der Entschädigung für die durch Tuberkuloseschutzimpfungen entstandenen Schäden[105]. Auch hier fehlte es an einer rechtlichen Verbindlichkeit. Eine Pflicht zur Impfung im Sinne eines direktiven Zwanges lag nicht vor. Vielmehr empfahl das zuständige Ministerium in besonders eindringlich gehaltener Weise die Schutzimpfung und stellte den Eltern die zeitbedingte erhöhte Gefährdung ihrer Kinder durch eine heimtückische Krankheit vor Augen[106]. Diese Information war geeignet, die Eltern in eine schwere Gewissensnot zu versetzen, falls sie ihre Kinder nicht der als ungefährlich bezeichneten Impfung unterzogen. Mittel der staatlichen Verhaltenssteuerung war hier nicht eine rechtliche Verbindlichkeit, sondern ein „psychologisches Abfordern“[107], ein „Gewissenszwang“[108].

Es ist nicht von der Hand zu weisen, daß derartige Maßnahmen in einigen Bevölkerungskreisen ähnlich wie ein Ver- oder Gebot wirken. Dabei kann als

---

104 Vgl. oben S. 51 ff.

105 Vgl. hierzu auch *Ossenbühl*, Umweltpflege, S. 19.

106 BGHZ 24, 45 (46).

107 BGHZ 31, 187 (191).

108 BGHZ 24, 45 (47).

Grundsatz gelten, daß eine verbotsgleiche informative Maßnahme dann zulässig wäre, wenn ein entsprechendes imperatives Verbot rechtmäßig wäre. Die Frage, ob ein damit angesprochenes generelles Rauchverbot verfassungsrechtlich zulässig wäre (was mehr als zweifelhaft erscheint), kann und braucht dabei hier zwar nicht in Einzelheiten ausgearbeitet werden[109]. Eine Darstellung des Problems erlaubt aber auch für die Beurteilung des vorliegenden Sachverhaltes wichtige Einblicke.

Das Rauchen ist, ebenso wie das Weintrinken, die Ausübung bestimmter gefährlicher Sportarten oder das Reisen in tropische Länder, trotz erwiesener Gesundheitsrisiken vom Recht auf allgemeine Handlungsfreiheit nach Art. 2 Abs. 1 GG geschützt[110]. Die potentielle Selbstgefährdung des Rauchers ändert hieran schon deshalb nichts, weil grundsätzlich jene „dritte Dimension der Grundrechte"[111], der Grundrechtsschutz gegen sich selbst, nicht existiert. Eingriffe sind danach nur im Rahmen des Schrankentrias des Art. 2 Abs. 1, 2. HS GG zulässig.

Die Schranke der „Rechte anderer" konkretisiert sich, wo zwischen den Belangen der Raucher einerseits und betroffener Nichtraucher andererseits praktische und rechtliche Konkordanz herzustellen ist, also etwa am Arbeitsplatz oder in öffentlichen Verkehrsmitteln. Bei dieser Kollisionslösung spielt sicher auch die medizinisch-naturwissenschaftliche Bewertung des „Passivrauchens" eine entscheidende Rolle, zu der hier nicht Stellung zu nehmen ist. Wo aber eine Beeinträchtigung Dritter ausgeschlossen ist, wäre ein generelles Rauchverbot verfassungswidrig[112].

Das BVerfG hat die traditionellen Merkmale eines (imperativen) Eingriffes in Grundrechte — wie festgestellt[113] — grundsätzlich aufgegeben und einen solchen auch bei faktischen Beeinträchtigungen im Bereich der Grundrechte angenommen, wenn die Wirkung von einem ursächlichen und zurechenbaren Verhalten der öffentlichen Gewalt ausgeht[114]. Soweit es sich dabei um Verhaltenssteuerung durch Informationshandlungen handelt, ist dies ein besonders herausgehobener Bereich der „Herrschaftsausübung durch geistigen Einfluß"[115]. Rechtliche Grenze staatlicher Aktivität muß auch bei solchen „weichen" Formen der Verhaltenssteuerung die Verfassung (und d.h. insbesondere der Katalog der Grundrechte) sein[116]. Um im Hinblick auf den Konsumenten (der eine staatlicherseits stigmatisierte Handlung vornehmen möchte) von einer dem Verbot ver-

---

109 Vgl. *Scholz,* DB Beil. 10/79, S. 15 ff.

110 Vgl. oben S. 76.

111 *v. Münch,* FS Ipsen, S. 114.

112 Vgl. *Scholz,* DB Beil. 10/79, S. 15.

113 Vgl. oben S. 54.

114 BVerfGE 61, 291, 308; 66, 39 (60), Vgl. *Gallwas,* Faktische Beeinträchtigungen, S. 87 ff.

115 Zu diesem Begriff *Herzog,* Allgemeine Staatslehre, 1971, S. 167 ff.

116 Vgl. BVerwGE 71, 183 (189 ff.), *Sodan,* DöV 1987, 858 ff.

gleichbaren Wirkung auszugehen, welche an Art. 2 Abs. 1 GG zu messen wäre, bedarf es allerdings schon einiger Intensität[117] der Einwirkung.

Insoweit ist nach den faktischen Wirkungen der einzelnen Hinweise zu differenzieren, insbesondere nach den tatsächlichen Effekten einer etwaigen Verbotsähnlichkeit. Bei den Warnungen des EG-Kataloges wird man — so bedenklich einige Formulierungen auch aus anderen Gründen sind — in der Regel nicht von verbotsähnlicher Intensität ausgehen können. Nahe an einer solchen verbotsähnlichen Wirkung liegen aber die Hinweise:

„Rauchen gefährdet die Gesundheit ihres Kindes bereits in der Schwangerschaft",

sowie

„Rauchen gefährdet die Gesundheit Ihrer Mitmenschen",

da diese nicht Umstände in der Person des Konsumenten ansprechen, sondern an das Verantwortungsgefühl appellieren. Insoweit dürften sie jedoch (bei isolierter Betrachtung der Repressionswirkung) dann grundsätzlich gerechtfertigt sein, wenn und weil die angesprochene soziale und gesundheitliche Relevanz sich bestätigen würde. Im Falle des zuerst genannten Hinweises (bezüglich der Gefährdung des nasciturus) wird man dies nicht von vornherein verneinen können, wenn eine solche Gefährdung medizinisch erhärtet ist. Das korrespondierende Verbot wäre hier möglicherweise — auch unter dem Gesichtspunkt des Schutzes des ungeborenen Lebens — verfassungsrechtlich zulässig[118]. Unter dem Gesichtspunkt einer verbotsähnlichen Wirkung und damit einer Bedeutsamkeit der allgemeinen Handlungsfreiheit des Art. 2 Abs. 1 GG ist zumindest dieser EG-Warnhinweis daher nicht zu beanstanden. Bezüglich anderer an das Verantwortungsgefühl des Rauchers appellierender Warnhinweise erscheint dies fraglich.

Das schließt aber keineswegs andere verfassungsrechtliche Begrenzungen, z. B. die Wahrheitsverpflichtung, aus. Nicht nur bei verbotsgleichen Informationen, sondern auch bei Informationen, die unterhalb der Schwelle des Verbots bzw. der Verbotsgleichkeit liegen[119], sind insbesondere Sorgfalts- und Vollständigkeitspflichten bei der Ermittlung und Verbreitung von Informationen zu beachten. Es werden insbesondere verfahrensbezogene Gehalte der Verfassung aktualisiert. Immerhin muß aber auch berücksichtigt werden, daß den staatlichen Organen ein gewisser instrumentaler Handlungsspielraum bleiben muß, zu Zwecken des Umwelt- und Gesundheitsschutzes auf das Verhalten der Bürger mit Mitteln einzuwirken, die in ihrer Intensität unter der Schwelle des Verbotes liegen.

---

117 Zur Intensität als Eigriffskriterium vgl. *Lübbe-Wolf,* Grundrechte, S. 305 ff.

118 Wobei die fehlende Vollziebarkeit hier außer acht bleiben kann.

119 Vgl. hierzu auch *Kloepfer,* UTR 3 (1987) S. 15.

V. Form der Richtlinienumsetzung

Da die bisherigen Kennzeichnungspflichten für Tabakartikel in § 3 TabakVO normiert sind[1], steht zu vermuten, daß die etwaige Umsetzung der zur Untersuchung stehenden EG-Richtlinie ebenfalls in der TabakVO angesiedelt wird. Die Frage ist aber, ob dies ohne Änderung der Ermächtigung des § 21 Abs. 1 Nr. 1 lit f. LMBG möglich ist. Diese Norm bestimmt, daß durch ministerielle Rechtsverordnung für bestimmte Tabakerzeugnisse Warnhinweise oder sonstige warnende Aufmachungen vorgeschrieben werden können. Zweifelhaft ist bereits, ob die vorgesehene EG-Richtlinie wirklich nur für *bestimmte* Tabakwaren gelten soll oder ob hier nicht eine flächendeckende Regelung für Tabakwaren angestrebt wird. Vor allem aber ist es — wie bereits angedeutet[2] — nicht unproblematisch, jede meinungspflegende Aussage, die im allgemeinen Sprachgebrauch noch als Warnhinweis angesehen werden kann, auch als Warnhinweis oder warnende Aufmachung i. S. d. LMBG zu bewerten. Da Warnhinweise in diesem juristisch-technischen Sinne der Aufklärung dienen, erscheint es überaus fraglich, ob von diesem Wortsinn auch noch Aussagen erfaßt sind, deren Intention die Einwirkung auf das Käuferverhalten und nicht die Erhellung bestimmter Sachverhalte ist[3]. Es liegt mithin nahe, daß der Begriff der Warnhinweise und warnenden Aufmachungen im LMBG ein terminus technicus ist, der durch eine langfristige Praxis einen feststehenden Inhalt in der erörterten Form[4] erhalten hat. So ist bei den projektierten Hinweisen differenziert zu untersuchen, ob sie dieser Begriffsbestimmung unterfallen und damit von der Ermächtigung des § 21 Abs. 1 Nr. 1

---

[1] Nach dem Text der gegenwärtigen Verordnung bleibt allerdings etwas unklar, worauf sich diese stützt: „Auf Grund des § 9 Abs. 1 Nr. 5, des § 20 Abs. 3, des § 21 Abs. 1 Nr. 1 Buchstabe a und Nr. 2 in Verbindung mit § 19 Nr. 4 lit b sowie des § 22 Abs. 2 Satz 2 des LMBG mit Zustimmung des Bundesrates . . ." § 9 Abs. 1 Nr. 5 LMBG enthält in der Tat die Ermächtigung, für bestimmte Stoffe Warnhinweise, sonstige warnende Aufmachungen sowie Sicherheitsvorkehrungen vorzuschreiben. Allerdings regelt diese Vorschrift nur den Verkehr mit Lebensmitteln, wozu Tabakerzeugnisse nicht zu zählen sind. Diese sind im dritten Abschnitt des LMBG gesondert geregelt. Soweit § 23 LMBG für Tabakerzeugnisse auch auf die Regelungen für Lebensmittel verweist, erstreckt sich diese Verweisung ausdrücklich nicht auch auf § 9 LMBG. Zutreffende Ermächtigungsgrundlage ist (der nicht zitierte) § 21 Abs. 1 Nr. 1 lit f., der eine dem § 9 Abs. 1 Nr. 5 LMBG entsprechende Sonderregelung ausdrücklich für Tabakerzeugnisse enthält. Ob dies die Rechtmäßigkeit der aktuellen Verordnung berührt, ist zwar fraglich. Immerhin verlangt aber Art. 80 Abs. 1 S. 3 GG die Angabe der (zutreffenden) gesetzlichen Ermächtigung.

[2] Vgl. oben S. 18.

[3] *Ossenbühl,* Umweltpflege, S. 41, verneint diese Frage.

[4] Vgl. oben S. 17.

lit f. LMBG gedeckt sind. Dabei kann der materiale Aspekt des Wahrheitsgehaltes der Hinweise nicht außer Betracht bleiben: Wegen der auch insoweit bestehenden Grundrechtsbindung kann die Ermächtigung keine verfassungswidrigen unwahren Hinweise gestatten.

Entscheidend ist damit letztlich für die Subsumtion unter den § 21 Abs. 1 Nr. 1 lit f. LMBG, welche Aussagequalität die einzelnen Hinweise (zunächst ohne Berücksichtigung des Aspekts der inhaltlichen Wahrheit) haben. In diesem Sinne wäre z. B. die Formulierung „Rauchen erzeugt Krebs" ein echter — wenn auch nicht zwingend wahrer — Warnhinweis, wogegen etwa der suggestive Appell „Bereichern Sie ihr Leben: Geben Sie das Rauchen auf"[5] dieser Definition keinesfalls entsprechen kann. Insoweit wäre also eine Erweiterung der einschlägigen Ermächtigung erforderlich.

[5] Nr. 12 der Warnhinweisliste gem. Anhang des Tabakwerbungsrichtlinienentwurfs, Abl. C 116/11 v. 11.5.90. Solche Appelle sind darüberhinaus einem Wahrheitsbeweis nicht zugänglich. Gerade dies zeichnet aber einen echten kennzeichnungsrechtlichen Warnhinweis aus.

VI. Ergebnisse

1. Die *Eigentumsgarantie* des Art. 14 GG wird durch die EG-Warnhinweise auf Zigarettenpackungen und Werbeplakaten unter mehreren Aspekten berührt.

a) Einerseits ist schon in der *Inanspruchnahme der Fläche* auf den Plakaten und Zigarettenpackungen zum Zwecke der Information durch Warnhinweise ein Eingriff in das verfassungsrechtlich geschützte Eigentum zu sehen[1]. Bei den Fertigpackungen nimmt der Staat in der Bundesrepublik bis zum Verkauf 4 % der Fläche beider Breitseiten für seine Zwecke in Anspruch. Bei der Print- und Plakatwerbung erhöht sich dieser Anteil auf 10 %[2]. Ein solcher Eingriff ist jedoch grundsätzlich als Inhalts- und Schrankenbestimmung i. S. d. Art. 14 Abs. 1 S. 2 GG zulässig, wenn er die Anforderungen des Verhältnismäßigkeitsgrundsatzes erfüllt. Daher darf nicht mehr Fläche durch den Warnhinweis belegt werden, als für die wirksame Information des Konsumenten erforderlich ist[3]. Notwendig in diesem Sinne ist eine Aufmachung, die die hinreichende Lesbarkeit gewährleistet. Eine — wie z.T. vorgesehene — über das deutlich les- und erkennbare Schriftbild hinausgehende Gestaltung der Warnungen verstößt in diesem Sinne gegen das Verhältnismäßigkeitsprinzip[4].

b) Ein Warnhinweis auf der Frontseite einer Zigarettenpackung, die zugleich elementarer Bestandteil der ebenfalls durch Art. 14 GG geschützten Ausstattung ist, greift in das Eigentumsgrundrecht ein, wenn er optisch derart dominierend ist, daß der *Erkennungswert der Packung* nicht unbeträchtlich beeinträchtigt ist[5]. Insofern schützt Art. 14 GG nicht nur vor dem völligen Entzug der Nutzungsmöglichkeit am Ausstattungsrecht, sondern auch vor erheblichen Beeinträchtigungen der ästhetischen Gestaltung als Eingriff in die konkrete Nutzungsmöglichkeit. Eine Störung des Gesamteindrucks der Ausstattung, die über das zur Information erforderliche hinausgeht, kann nicht als zulässiger Eingriff in das Ausstattungsrecht als Bestandteil der Eigentumsgewährleistung des Art. 14 GG angesehen werden[6].

c) Der mit einem möglichen *Nachfragerückgang* verbundene Eingriff in den eingerichteten und ausgeübten Gewerbebetrieb der Zigarettenhersteller und

---

[1] S. 47 ff.

[2] S. 10, 12.

[3] S. 48 f.

[4] A.a.O.

[5] S. 49 ff.

[6] S. 50.

6*

-vertreiber ist als solcher verfassungsrechtlich grundsätzlich zu rechtfertigen[7]. Zwar ist auch unter diesem Gesichtspunkt das Grundrecht auf Eigentum aus Art. 14 GG tangiert. Indes ist der Staat nicht prinzipiell gehindert, Maßnahmen zu ergreifen, die sich nachteilig auf den Produktabsatz der Zigarettenhersteller auswirken, da diese durch ein entsprechendes gesundheitspolitisches Ziel gerechtfertigt sein können[8]. Solche Einschränkungen müssen aber den rechtsstaatlichen Grundsätzen genügen, der Wahrheit entsprechen und dürfen andere Grundrechte nicht verletzen.

2. Die Verpflichtung zum Aufdruck der EG-Warnhinweise ist eine *Berufsausübungsregelung* im Sinne des Art. 12 GG. Von dessen Schutz sind auch die Hersteller von Tabakprodukten als juristische Personen umfaßt[9]. In die Gewährleistung der Freiheit der gewerblichen Betätigung wird durch die auferlegte gesetzliche Handlungspflicht direktiv eingegriffen. Wiederum kann diese nur verfassungsrechtlich gerechtfertigt sein, wenn sie — auch in einem materiellen Sinne — die Rechtstaatlichkeit wahrt[10]. Dabei werden Verpflichtungen, unwahre Hinweise zu verwenden, diesen rechtsstaatlichen Anforderungen nicht gerecht.

3. Indem die Zigarettenhersteller zur Verbreitung der staatlichen (oder staatlich initiierten) Warnung verpflichtet werden, wird in ihr Grundrecht auf *freie Meinungsäußerung* aus Art. 5 GG eingegriffen[11]. Art. 5 GG gewährleistet auch die negative Meinungsäußerungsfreiheit[12]. Insoweit schützt das Grundrecht der Meinungsäußerungsfreiheit auch davor, gezwungen zu werden, überhaupt eine Meinung zu haben und diese zu äußern. Dabei ist zunächst hinsichtlich der Erkennbarkeit des Urhebers des Warnhinweises zu differenzieren. Aus der negativen Meinungsäußerungsfreiheit leiten sich mehrere Einzelgewährleistungen der Schweigefreiheit ab.

   Zunächst kann niemand gezwungen werden, seine *eigene Meinung preiszugeben* (einfache negative Meinungsäußerungsfreiheit[13]). Ohne diese negative Freiheitskomponente wäre die positive Meinungsäußerungsfreiheit zur Heuchel-Freiheit entwertet. Erst recht schützt Art. 5 GG davor, eine *fremde Meinung als eigene zu äußern*. Niemand darf gezwungen werden, eine Meinung als seine eigene zu äußern, die er selbst nicht für richtig hält (qualifizierte negative Meinungsäußerungsfreiheit)[14]. Die in den Tabakwerbungs- und Etikettierungsrichtlinienentwürfen vorgesehenen Warnhinweise sind als Mei-

---

[7] S. 51 ff.
[8] Vgl. S. 35.
[9] S. 45 ff.
[10] S. 47.
[11] S. 19 ff.
[12] S. 23 ff.
[13] S. 27.
[14] S. 27.

nungsäußerungen i. S. d. Art. 5 GG oder jedenfalls als meinungsgleiche Tatsachenbehauptungen anzusehen[15]. Wenn also mangels eindeutigem Urheberhinweis die transportierte Aussage auch dem Hersteller zugerechnet werden kann, ist dies als Eingriff in die qualifizierte negative Meinungsäußerungsfreiheit stets als Verletzung des Grundrechts anzusehen[16]. Eine verfassungsrechtliche Rechtfertigung kommt hier unter keinem denkbaren Gesichtspunkt in Betracht.

Art. 5 GG schützt in seiner negativen Komponente aber auch davor, zur *Verbreitung einer erkennbar fremden Meinung* herangezogen zu werden (negative Meinungsverbreitungsfreiheit[17]). Auch wenn die obligatorischen Warnhinweise mit einem Urheberhinweis versehen werden, der für die Rezipienten klarstellt, daß die geäußerte Meinung nicht vom Verbreiter herrührt (was bei dem bloßen Zusatz des zuständigen Bundesministers nicht gesichert erscheint[18]), liegt folglich ein Eingriff in Art. 5 GG vor[19]. Bei erkennbarem Urheber ist daher nach dem Inhalt der Aussage zu differenzieren. Danach können *nur sachlich zutreffende, sachliche und beweisbare Warnungen* als zulässige Einschränkung der einfachen negativen Meinungsäußerungsfreiheit angesehen werden[20]. Die bisherigen Deklarationspflichten im Lebensmittel- und Arzneimittelrecht genügen grundsätzlich (z. T. im Gegensatz zu den projektierten Warnhinweisen für Zigarettenpackungen) diesen Anforderungen. Als Ausdruck einer zulässigen Schranke nach Art. 5 Abs. 2 GG kann eine Einschränkung des Art. 5 GG nur dann angesehen werden, wenn sie auf einem allgemeinen Gesetz beruht[21] und das rechtsstaatliche Gebot der Verhältnismäßigkeit beachtet.

Mag eine Umsetzung der projektierten Richtlinien unter dem Gesichtspunkt des Gesundheitsschutzes (das vorgeblich primäre Motiv der Schaffung europaeinheitlicher Kennzeichnungspflichten kann insoweit als rechtfertigendes Rechtsgut herangezogen werden) auch noch grundsätzlich als „allgemeines Gesetz" ansehbar sein[22]. Die Umsetzung in der vorgesehenen Form verstieße jedenfalls insoweit gegen das rechtsstaatliche *Verhältnismäßigkeitsprinzip,* als die Warnhinweise nicht erwiesenermaßen wahr oder gar definitiv unwahr sind[23]. Die Verfassungswidrigkeit der vorgeschlagenen Warnhinweise ergibt sich auch aus einem *Verstoß gegen das Rechtsstaatsprinzip* in einer materialen

---

7 S. 22.
8 S. 27.
9 S. 31.
10 Vgl. S. 42.
11 S. 29.
12 S. 41.
13 Vgl. dazu S. 33 ff.
14 S. 35.
15 S. 39.

Deutung: Der Rechtsstaat ist der Wahrheit und ihrer Durchsetzung verpflichtet.

4. Unter den gleichen Voraussetzungen liegt auch ein Verstoß gegen die Gewährleistung des *Art. 10 EMRK* vor. Insbesondere werden durch diese Vorschrift auch kommerzielle und werbende Aussagen erfaßt.

5. Durch unentrinnbar aufgedrängte staatliche Informationen wird die *negative Informationsfreiheit* der Bürgers beeinträchtigt[24]. Der Bürger wird hier gezwungen, die bewußt schreckenden Warnungen aufzunehmen. Insbesondere durch das Zusammenwirken der Hinweise in der Tabakwerbung- und Etikettierung tritt eine unterbewußte Akkumulationswirkung ein[25]. Zwar sind auch bei diesem Aspekt des Grundrechts aus Art. 5 GG zulässige Einschränkungen denkbar. Der objektivrechtliche Gehalt des Art. 5 GG und das Rechtsstaatsprinzip verbieten aber eine Beschränkung dieses Rechts, die den Bürger zwingt, unwahre und unsachlich suggestive staatliche Information aufzunehmen[26]. Durch unwahre Äußerungen des Staates ist auch insofern eine Verletzung der Informationsfreiheit aus Art. 5 GG zu sehen, als daß hierdurch eine wesentliche Legitimation dieses Grundrechts — demokratische Kontrolle durch wahrheitsgemäße Information — negiert wird[27].

6. Unter dem Gesichtspunkt der suggestiven Beeinflussung und deren Kollision mit einer „Meinungsbildungsfreiheit" oder einer *„inneren Geistesfreiheit"* sind solche staatlichen Warnungen nicht zu beanstanden, solange sie erkennbar sind. Unzulässig sind dagegen manipulative Beeinflussungen, die sich dem Bewußtsein des Bürgers entziehen[28]. Dem kommen die vorgesehenen Warnhinweise nahe. Mit ihnen wird letztlich ein unentziehbarer Meinungszwang mit den Mitteln peripher wahrnehmbarer Informationswiederholung ausgeübt. Die allgemeine Handlungsfreiheit der Konsumenten wird unter dem Gesichtspunkt einer verbotsgleichen Wirkung durch die vorgesehenen Warnhinweise noch nicht tangiert, obgleich auch eine solche Wirkung grundsätzlich denkbar ist[29]. Allerdings sind bei Informationen des Staates generell Verfassungspflichten zur Wahrheit und zur Sorgfalt und Vollständigkeit der Informationsermittlung und -verbreitung zu beachten.

---

[24] S. 58 ff.
[25] S. 70.
[26] S. 71.
[27] S. 73.
[28] Vgl. auch S. 75 f.
[29] S. 80.

Literaturverzeichnis

Albrecht / Wronka: Das neue Heilmittelwerberecht, GRUR 1977, 83 ff.

Althammer, Werner: Warenzeichengesetz, 3. Aufl., 1985.

Anschütz, Gerhard: VVDStRL 4 (1928), 75.

Anschütz, Gerhard / *Thoma,* Richard: Handbuch des deutschen Staatsrechts II, 1932.

Badura, Peter: Der Eigentumsschutz des eingerichteten und ausgeübten Gewerbebetriebes, AöR 98 (1973), 153 ff.

Baumbach / Hefermehl: Warenzeichenrecht, 11. Aufl., 1979.

Bettermann, Karl-August: DVBl. 1975, 548.

Bleckmann, Albert: Staatsrecht II, Die Grundrechte, 3. Aufl. 1989.

Bleckmann / Eckhoff: Der „mittelbare" Grundrechtseingriff, DVBl. 1988, 373 ff.

Böttcher, Reinhard: Die politische Treupflicht der Beamten und Soldaten und die Grundrechte der Kommunikation, 1967.

Breuer, Rüdiger: Freiheit des Berufs, in: Isensee / Kirchhof, Hb. des Staatsrechts VI, 877 ff.

— Grundrechte als Anspruchsnormen, in: Verwaltungsrecht zwischen Freiheit, Teilhabe und Bindung (Festgabe 25 Jahre BVerwG), 1978, 89 ff.

Bullinger, Martin: Bericht: Die Freiheit der Meinungsäußerung und der Information: ein wesentliches Element der Demokratie, 6. Int. Kolloquium über die EMRK v. 13.-16. November 1985, zit. nach Nowak / Rosenmayr / Schwaighofer, Sechstes Internationales Kolloquium über die Europäische Menschenrechtskonvention, EuGRZ 1986, 232 ff.

Busse, Rudolf: Warenzeichengesetz, 5. Aufl., 1976.

Dechsling, Rainer: Das Verhältnismäßigkeitsgebot, 1989.

Degenhart, Christoph: Art. 5 Abs. 1 u. 2, in: Bonner Kommentar zum Grundgesetz, Stand September 1987.

van Dijk, P. / *van Hoof,* G. J. H.: Theory and Practice of the European Convention on Human Rights, 1984.

Doepner, Ulf: Heilmittelwerbegesetz, 1980.

Doepner / Hoffmann: Entscheidungssammlung Heilmittelwerbegesetz, Loseblatt.

Dörr, Dieter: Die neuere Rechtsprechung des Bundesverfassungsgerichts zur Eigentumsgarantie des Art. 14 GG, NJW 1988, 1049 ff.

Dürig, Günter: Art. 1 GG, in: Maunz / Dürig / Herzog / Scholz, GG, Stand Januar 1987.

Eichmann, Helmut: Auswirkungen des Grundgesetzes auf die Werbepraxis, GRUR 1964, 57 ff.

Eberle, Carl-Eugen: Datenschutz durch Meinungsfreiheit, DÖV 1977, 306 f.

Forsthoff, Ernst: Zur heutigen Situation einer Verfassungslehre, in: Epirrhosis, Carl Schmitt-Festgabe, 1968, 185 ff.

Forstmann, Max: Die Verfassungsmäßigkeit des Verbots der gesundheitsbezogenen Werbung im Gesetz über den Verkehr mit Lebensmitteln, Tabakerzeugnissen, kosmetischen Mitteln und sonstigen Bedarfsgegenständen vom 15. August 1974, WRP 1977, 461 ff.

Friauf, Karl-Heinrich / *Scholz*, Rupert: Europarecht und Grundgesetz, Betrachtungen zu material- und formalrechtlichen Problemen bei Schaffung und Umsetzung sekundären Gemeinschaftsrechts, 1990.

Gallwas, Hans-Ullrich: Faktische Beeinträchtigungen im Rahmen der Grundrechte, 1970.

Geck, Wilhelm Karl / *Sroka*, Hans-Georg: Der politisch engagierte Beamte, JuS 1970, 347 ff.

Geiger, Willi: Zur Diskussion über die Freiheit, in: Die moderne Demokratie und ihr Recht, Festschrift für Gerhard Leibholz zum 65. Geburtstag, 1966, Bd. II, 202, ders., Grundrechte und Rechtsprechung, 1959, 53.

Giese, Friedrich: Die Grundrechte, 1905.

Götzfried, Eva: Das Recht, nicht zuhören zu müssen, NJW 1963, 1961.

Grabitz, Eberhard: Der Grundsatz der Verhältnismäßigkeit in der Rechtsprechung des BVerfG, AöR 98 (1973), 568 ff.

Guradze, Heinz: Die Europäische Menschenrechtskonvention, 1968.

Haag: Die Zulässigkeit der Verfassungsbeschwerde bei mittelbarer Verletzung eines Grundrechts, 1971.

Haußleiter, Otto: Beruf und Gewerbe nach dem Bonner Grundgesetz, DÖV 1952, 496.

Heckmann / *Meßerschmidt* (Hrsg.): Gegenwartsfragen des öffentlichen Rechts.

Herzog, Roman: Art. 5 GG, in: Maunz / Dürig / Herzog / Scholz, GG, Stand Januar 1987.

— Allgemeine Staatslehre, 1971.

Hesse, Konrad: Grundzüge des Verfassungsrechts der Bundesrepublik Deutschland, 16. Aufl., 1988.

Hielscher: Pharma-Recht 6 / 1979, 29 ff.

Hoffmann-Riem, Wolfgang: Art. 5, in: Reihe Alternativkommentar, GG.

Isensee, Josef: Demokratischer Rechtsstaat und staatsfreie Ethik, in: Essener Gespräche zum Thema Staat und Kirche, Bd. 11, 1977, 22.

Jakobs, Michael Ch.: Der Grundsatz der Verhältnismäßigkeit, 1985.

Jellinek, Georg: Allgemeine Staatslehre, 3. Aufl., 7. Neudruck 1960.

Kaiser, Joseph: Sozialauffassung, Lebenserfahrung und Sachverstand in der Rechtsfindung, NJW 1975, 2237 ff.

Kaufmann, Erich: Wissenschaftsfreiheit und Mitbestimmung, JZ 1972, 45 f.

Kimminich, Otto: Die Freiheit, nicht zu hören, in: Der Staat 3 (1964), 61 f.

Klein, Hans H.: Öffentliche und private Freiheit, in: Der Staat 10 (1971), 145 ff.

Kloepfer, Michael: Grundrechte als Entstehungssicherung und Bestandsschutz, 1970.

— Information als Intervention in der Wettbewerbsaufsicht, 1973.

— Verfahrensdauer und Verfassungsrecht, Verfassungsrechtliche Grenzen der Dauer, JZ 1979, 209 ff.

— Umweltrecht, 1989.

— Instrumente des staatlichen Umweltschutzes in der Bundesrepublik Deutschland, UTR 3 (1987), 3 ff.

— Versammlungsfreiheit, in: Isensee / Kirchhof, Hb. des Staatsrechts VI, 739 ff.

Kloepfer, Michael / *Malorny,* Michael: Öffentliches Recht, 3. Aufl., 1984.

Konvitz, Milton: Fundamental Liberties of a Free People: Religion, Speech, Press, Assembly, 1957.

Leisner, Walter: Öffentlichkeitsarbeit der Regierung, 1966.

— Begriffliche Grenzen verfassungsrechtlicher Meinungsfreiheit, UFITA 37 (1962), 129 ff.

— Werbefernsehen und öffentliches Recht, 1967.

— Eigentum, in: Isensee / Kirchhof, Hb. des Staatsrechts VI, 1023 ff.

Lerche, Peter: Informationsfreiheit, in: Evangelisches Staatslexikon, 3. Aufl., 1987.

— Zur verfassungsrechtlichen Deutung der Meinungsfreiheit, in:für Gebhard Müller, 1970, 197 ff.

— Werbung und Verfassung, 1967.

Löffler, Martin / *Ricker,* Reinhart: Handbuch des Presserechts, 2. Aufl., 1986.

Lübbe-Wolff, Gertrude: Rechtsprobleme der behördlichen Umweltberatung, NJW 1987, 2705 ff.

— Die Grundrechte als Eingriffsabwehrrechte, Struktur und Reichweite der Eingriffsdogmatik im Bereich der staatlichen Leistungen, 1988.

Merten, Detlef: Handlungsgrundrechte als Verhaltensgarantien, VerwArch 73 (1982), 103.

v. Münch, Ingo: Grundgesetz, Bd. I, 3. Aufl., 1985.

— Grundbegriffe des Staatsrechts II, Staatsform, Staatsorganisation, 3. Aufl. 1985.

— Grundrechtsschutz gegen sich selbst?, FS Ipsen, 1977, 113.

v. Mutius, Albert: Art. 19, in: Bonner Kommentar z. GG (Zweitb.).

Ossenbühl, Fritz: Umweltpflege durch behördliche Warnungen und Empfehlungen, 1986.

— Staatshaftungsrecht, 3. Aufl., 1983.

— Zumutbarkeit als Verfassungsmaßstab, in: Freiheit und Verantwortung im Verfassungsstaat, 1984, 316 ff.

— Informelles Hoheitshandeln im Gesundheits- und Umweltschutz, UTR 3 (1987), 27 ff.

— Festgabe BVerfG, 1. Band, 1976, 458.

Papier, Hans-Jürgen: Art. 14 GG, in: Maunz / Dürig / Herzog / Scholz, GG.

Pieroth, Bodo / *Schlink,* Bernhard: Grundrechte Staatsrecht II, 3. Aufl., 1987.

Philipp, Renate: Staatliche Verbraucherinformation im Umwelt- und Gesundheitsrecht, 1989.

Ragaz, Peter Curdin: Die Meinungsäußerungsfreiheit der EMRK, 1979.

Ramsauer, Helmut: Die faktische Beeinträchtigung des Eigentums, 1980.

Ridder, Helmut: Meinungsfreiheit, in: Neumann u. a. (Hrsg.), Die Grundrechte, Bd. II, 2. Aufl., 1965.

Rittstieg: Art. 14 GG, in: Reihe Alternativkommentar, GG.

Rothenbücher, Karl: Das Recht der freien Meinungsäußerung, VVDStRL 4 (1928), 6 ff.

Rüthers, Bernd: Persönlichkeitsrecht und Meinungskampf, in: Presserecht und Pressefreiheit, Festschrift für Martin Löffler, 1980, 303 ff.

Sambuc, Thomas: Zur Verfassungsmäßigkeit der Informationspflichten in der Arzneimittelwerbung, WRP 1978, 105 ff.

Scheuner, Ulrich: Pressefreiheit, in: VVDStRL 22 (1965), 1 ff.

Schmidt, Ferdinand: Passivrauchen als Gesundheitsgefahr, NJW 1976, 358 ff.

Schmidt-Jortzig, Edzard: Meinungs- und Informationsfreiheit, in: Isensee / Kirchhof (Hrsg.), Handbuch des Staatsrechts, Bd. VI, 1989, 635 ff.

Schmitt Glaeser, Walter: Schutz der Privatsphäre, in: Isensee / Kirchhof (Hrsg.), Hb. d. StaatsR, Bd. VI, 1989, 41 ff.

Scholz, Rupert: Die Koalitionsfreiheit als Verfassungsproblem, 1971.

— Verfassungsfragen zum Schutz des Nichtrauchers, Beil. 10 / 79 DB 1979.

— Nichtraucher contra Raucher — OVG Berlin, NJW 1975, 2261 und VG Schleswig, JR 1975, 130, JuS 1976, 232 ff.

— Europäisches Gemeinschaftsrecht und innerstaatlicher Verfassungsschutz, in: Friauf / Scholz, Europarecht und Grundgesetz, Betrachtungen zu materiell- und formalrechtlichen Problemen bei Schaffung und Umsetzung sekundären Gemeinschaftsrechts, 1990.

— Wie lange bis „Solange III", NJW 1990, 941 ff.

Scholz / Pitschas: Informationelle Selbstbestimmung und staatliche Informationsverantwortung, 1984.

Schorn, Helmut: Die Europäische Konvention zum Schutze der Menschenrechte und Grundfreiheiten, 1965.

Schulte, Martin: Informales Verwaltungshandeln als Mittel staatlicher Umwelt- und Gesundheitspflege, in: Heckmann / Meßerschmidt, Gegenwartsfragen des Öffentlichen Rechts, Berlin 1988.

Seewald, Otfried: Zum Verfassungsrecht auf Gesundheit, 1981.

Sening, Christoph: Umweltzerstörung, Recht und Information, NuR 1985, 125 ff.

Seubert, Richard: Die zulässige vergleichende Werbung, BB 1960, 965 ff.

Sieg, Harald: Das Recht der Gewerbezulassung und Art. 12 GG, DVBl. 1950, 197.

Smend, Rudolf: Bürger und Bourgeois im deutschen Staatsrecht, in: Staatsrechtliche Abhandlungen, 2. Aufl., 1968, 309 ff.

— Das Recht der freien Meinungsäußerung, VVDStRL 4 (1928), 44 f.

Sodan, Helge: Gesundheitsbehördliche Informationstätigkeit und Grundrechtsschutz, DÖV 1987, 858 ff.

Storm, Peter-Christoph: Umweltrecht, 3. Aufl., 1988.

Tettinger, Peter J.: Das Grundrecht der Berufsfreiheit in der Rechtsprechung des Bundesverfassungsgerichts, AöR 108 (1983), 92 ff.

Tietmann, Karl: Aufklärung der Öffentlichkeit in Umweltfragen, in: Kimminich / v. Lersner / Storm (Hrsg.), Handwörterbuch des Umweltrechts, Bd. I, 1986, Sp. 154 f.

Wacke, Gerhard: Werbeäußerungen als Meinungsäußerungen, FS f. Schnack, 1966.

Weber, Vorname: „Allgemeines Gesetz" und „für alle geltendes Gesetz", in: FS f. E. R. Huber, 1973.

Weber-Fas, Rudolf: Finanzgerichtsbarkeit im freiheitlichen Rechtsstaat. Eine Betrachtung zum 25jährigen Bestehen des Bundesfinanzhofs, NJW 1975, 1945 ff.

Weides, Peter: Produkt-Informationen und Pressefreiheit, Bemerkungen zu § 22 Absatz 2 des LMBG, WRP 1977, 605 ff.

Wendt, Rudolf: Der Garantiegehalt der Grundrechte und das Übermaßverbot, AöR 104 (1979), 414 ff.

Wenzel, Karl-Egbert: Nochmals: Grenzen des Gegendarstellungsanspruchs, AfP 1971, 161 f.

Wilke, Dieter: Die Verwirkung der Pressefreiheit und das strafrechtliche Berufsverbot. Zugleich ein Beitrag zur Rechtsnatur und zu den Grenzen der Grundrechte, 1963.

FSC
www.fsc.org
MIX
Papier | Fördert gute Waldnutzung
FSC® C083411

Kolibri 360 GmbH
Ferdinand-Jühlke-Straße 7
99095 Erfurt, Deutschland
produktsicherheit@kolibri360.de

Druck:
CPI Druckdienstleistungen GmbH
im Auftrag der
Kolibri 360 GmbH
Ferdinand-Jühlke-Str. 7
99095 Erfurt